المرشد في تدريس التربية الإسلامية

الطبعة الأولى
1432هـ - 2011م

المملكة الأردنية الهاشمية
رقم الإيداع لدى دائرة المكتبة الوطنية
(2011//)

277.3
حماد ، إبراهيم محمد
المرشد في تدريس التربية الإسلامية / إبراهيم محمد حماد، أحمد عزت محمود.ـ
عمان : دار المأمون للنشر والتوزيع ، 2011 .
(258) ص
ر.أ.: (2011 /1/107).
الواصفات: // أساليب التدريس //طرق التعلم // التدريس// الثقافة الإسلامية

❖أعدت دائرة المكتبة الوطنية بيانات الفهرسة والتصنيف الأولية
❖ يتحمل المؤلف كامل المسؤولية القانونية عن محتوى مصنفه ولا يعبّر هذا المصنف عن رأي دائرة المكتبة الوطنية أو أي جهة حكومية أخرى.

دار المأمون للنشر والتوزيع
العبدلي - عمارة جوهرة القدس
تلفاكس: ٤٦٤٥٧٥٧
ص.ب: ٩٢٧٨٠٢ عمان ١١١٩٠ الأردن
E- mail: daralmamoun@maktoob.com

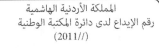

المرشد في تدريس التَّربية الإسلامية

﴿تطبيقات عملية لتنمية الذكاءات ومهارات التفكير العلمي﴾

تأليف

الدكتور إبراهيم محمّد حمّاد
قسم المناهج والتدريس
كلية العلوم التربوية
الجامعة الأردنية

الدكتور أحمد عزت جبر
مشرف تربوي
محاضر غير متفرغ في الجامعات الأردنية

1432هـ/2011م

الإهداء

إلى ذلك الجندي المجهول الذي حمل لواء

دعوة سيدنا محمد -ﷺ -

إلى معلم التربية الإسلامية

إلى كل معلم ومعلمة

نهدي هذا العمل

محتويات الكتاب

الفصل الثاني
الفروق الفردية في تدريس فروع التربية الإسلامية

الفصل الثالث

التفكير الناقد في دروس التربية الإسلامية (تطبيقات عملية)

الفصل الرابع

المواد الإثرائية في دروس التربية الإسلامية

الفصل الخامس

التعزيز

المقدمة

بسم الـلـه الرحمن الرحيم، والحمد لله على سيد الخلق والمرسلين، سيدنا محمد وعلى أله وأصحابه أجمعين، أما بعد:

فإننا نشكر الـلـه تعالى أولاً على أن أنعم علينّا بنعمة إخراج هذا الكتاب بعنوان: ﴿المرشد في تدريس التربية الإسلامية- تطبيقات عملية لتنمية الذكاءات ومهارات التفكير العلمي﴾. و الـلـه تعالى نسـأل أن يجعله في ميزان حسناتنا يوم القيامة. وأن ينفع الـلـه به الإسلام والمسلمين، وخاصة المربين الفاضلين، ممن يدرسون التربية الإسلامية، لا يسعنا إلا أن ندعوا الـلـه عز وجل إلى كل من ساهم في إخراجه، ممن كتب وألَّف من مناهج التربية الإسلامية، وطرق تدريسها،وأخيرا ذلكَ الجندي المجهول معلم التربية الإسلامية الذي حمل على عاتقه تبليغ دعوة الـلـه تعالى إلى هذه الفئة من الناس ألا وهم الطلاب بمختلف المراحل. فإلى كل هؤلاء أتقدم لهم بجزيل الشكر وعظيم العرفان، سائلاً المولى عز وجل، أن يجعل أعمالهم صدقة جارية ينتفعون بها يوم القيامة يوم لا ينفع مال ولا بنون إلا من أتى الـلـه بقلب سليم.

لقد قمنا بقراءة أغلب الكتب التي بحثت في موضوع التربية الإسلامية وأساليب تدريسها، واستفدنا منها الكثير، ولكن من خلال خبرتنا في ميدان التدريس والإشراف التربوي، وفي مجال إدارة برنامج التربية العملية في كلية العلوم التربوية في الجامعة الأردنية، وفي تدريس مواد أساليب تدريس التربية الإسلامية والمفاهيم الإسلامية ومناهج التربية الإسلامية في الجامعة الأردنية ومواد تربية إسلامية في مدارس في «بريطانيا»، فقد ارتأينا أن نكتب في موضوع التربية الإسلامية كنماذج وتطبيقات عملية، مركزينً على الجانب العملي، نظرا لما لوحظ من وجود نقص في هذا المجال، وخاصة في بعض الموضوعات التي لم تتعرض لها

الكتب السابقة مثل موضوع أوراق العمل والتطبيقات العملية لنظريات الذكاءات وبعض مواضيع التفكير. بطريقة يستفيد منها مدرس التربية الإسلامية بالدرجة الأولى، حيث أتبعنا كل أسلوب من أساليب التدريس بنموذج عملي تطبيقي لدرس من دروس التربية الإسلامية، ثم نموذج لتحليل محتوى، بالإضافة إلى الوسائل التي يمكن استخدامها في كل وحدة.

فجاء هذا الكتاب في خمسة فصول:

الفصل الأول: أساليب تدريس فروع التربية الإسلامية:

- أساليب تدريس القرآن الكريم.
- أساليب تدريس الحديث النبوي الشريف.
- أساليب تدريس الفقه الإسلامي.
- أساليب تدريس السيرة النبوية.
- أساليب تدريس العقيدة الإسلامية.
- أساليب تدريس مقرر التلاوة وأحكام التجويد
- أساليب تحفيظ القرآن الكريم.

الفصل الثاني: الفروق الفردية من حيث:

- كيفية مراعاة الفروق الفردية في دروس التربية الإسلامية: (مراعاة أنماط التعلم، ثم توظيف نظرية الذكاءات المتعددة في التدريس)
- مفهوم نظري لكل نوع من أنواع الذكاءات المتعددة، وصفات المتعلم، والأنشطة الإثرائية، ثم استراتيجيات التدريس التي يمكن للمعلم استخدامها لتنمية كل نوع من أنواع هذه الذكاءات وهي الذكاء (اللغوي، والحركي، والمنطقي، والوجودي، والطبيعي، والمكاني، والشخصي، والاجتماعي)

الفصل الثالث: المواد الإثرائية في دروس التربية الإسلامية:

- بيان مفهوم أوراق العمل.
- أهمية أوراق العمل:
- أنواع أوراق العمل
- المهارات الواجب توافرها عند المعلم لإعداد أوراق العمل:
- نماذج عملية لبعض أوراق العمل في موضوعات التربية الإسلامية، وخاصة الأوراق التي تعمل على إثارة مهارات التفكير عند الطلاب.

الفصل الرابع: التعزيز:

- التعزيز من الناحية الشرعية (الكتاب والسنة)
- أمور يجب مراعاتها فيما يتعلق بالتعزيز من قبل المعلم
- أقسام التعزيز
- نماذج وتطبيقات عملية للتعزيز

وختاماً نسأل اللـه تعالى العلي القدير، أن يكون جهدنا هذا خالصاً في سبيله، وأن ينفع اللـه تعالى به كل معلم ومتعلم.

المؤلفان

الفصل الأول

أساليب تدريس فروع التربية الإسلامية

- المبحث الأول: أساليب تدريس القرآن الكريم.
- المبحث الثاني: أساليب تدريس الحديث النبوي الشريف.
- المبحث الثالث: أساليب تدريس الفقه الإسلامي.
- المبحث الرابع: أساليب تدريس السيرة النبوية.
- المبحث الخامس: أساليب تدريس العقيدة الإسلامية.
- المبحث السادس: أساليب تدريس مقرر التلاوة وأحكام التجويد
- المبحث السابع: أساليب تحفيظ القرآن الكريم.

المبحث الأول: وحدة القرآن الكريم

القرآن الكريم هو كلام الـلـه تعالى المعجز، المنزل على سيدنا محمد ﷺ، المنقول إلينا بالتواتر، والمتعبد بتلاوته المبدوء بسورة الفاتحة والمختوم بسورة الناس..

وقد أمر الـلـه تعالى نبيه الكريم تبليغ القرآن الكريم للناس كافة، وتعليمهم إيّاه، لإخراجهم من الظلمات إلى النور، حيث قال تعالى: (الر كِتَابٌ أَنْزَلْنَاهُ إِلَيْكَ لِتُخْرِجَ النَّاسَ مِنَ الظُّلُمَاتِ إِلَى النُّورِ بِإِذْنِ رَبِّهِمْ إِلَى صِرَاطِ الْعَزِيزِ الْحَمِيدِ) [1].

وقد اتبع النبي ﷺ في تبليغ القرآن الكريم للناس كافة، وسائل عدة، منها القراءة الجهرية المباشرة كالقراءة على الصحابة، ثم حثّ الصحابة على حفظه والعمل به، بالإضافة إلى اهتمام النبي عليه السلام بإرسال بعض الصحابة لتعليم الناس القرآن الكريم؛ حيث بعث مصعب بن عمير رضي الـلـه عنه إلى المدينة المنورة لتعليم الناس القرآن الكريم بداية الدعوة الإسلامية.

ولهذا يقع على عاتقنا العبء الكبير في تبليغ هذه الأمانة للناس كافة، ولطلابنا على وجه الخصوص. وهذا التبليغ يتطلب الإلمام بوسائل وطرق من شأنها إيصال كل ما هو مفيد لأبنائنا الطلبة. ولذا سنتناول في هذا الفصل المتعلق بوحدة القرآن الكريم النتاجات العامة، ثم سنأخذ درساً تطبيقياً من أحد الكتب المقررة من مناهج التربية الإسلامية في وزارة التربية والتعليم الأردنية، حيث سنبين النتاجات الخاصة، وتحليل المحتوى، وكيفية التوزيع الزمني للوحدة، بالإضافة إلى خطة درس، ثم سنذهب إلى بيان بعض الأساليب المختصرة لتدريس القرآن الكريم.

---

(1) سورة إبراهيم، آية 1.

أولاً: النتاجات العامة بوحدة القرآن الكريم

قبل أن نسرد النتاجات العامة الخاصة بوحدة القرآن الكريم، لا بد أن نبين معنى أو مفهوم النتاجات العامة:

النتاجات العامة: هي عبارة عن الأداءات والمهارات التي يتوقع أن يصبح الطالب قادراً على أدائها بعد دراسته أو تعرضه لمحتوى معين خلال فترة زمنية معينة.

مثال: يتوقع من المتعلم بعد دراسة أي وحدة متعلقة بالقرآن الكريم أن يصبح قادراً على ما يأتي:

1. تلاوة الآيات القرآنية تلاوة سليمة خالية من الأخطاء الإملائية.
2. إدراك معاني المفردات والتراكيب والمفاهيم الواردة في الآيات.
3. استنتاج أهم الأفكار الرئيسة المتعلقة بالآيات الكريمة.
4. تطبيق أحكام التلاوة والتجويد الخاصة بكل وحدة أو كل مرحلة من المراحل العمرية.
5. استخراج أهم ما ترشد إليه الآيات الكريمة.
6. استخدام المعجم المفهرس لألفاظ القرآن الكريم في البحث عن مواضع الألفاظ والآيات في القرآن الكريم.
7. الإقبال على تلاوة القرآن الكريم وحفظه مراعياً أحكام التلاوة والتجويد.
8. تمثل القيم والأخلاق الواردة في الآيات الكريمة.

فنلحظ هنا بأن النتاجات المتوقع من المتعلِّم تحقيقها أو أن يصبح قادراً على أدائها هي عبارة عن أداءات ومهارات مختلفة مثل (تلاوة الآيات، تطبيق أحكام التلاوة والتجويد، استنتاج الأفكار الرئيسة، الاستخدام الصحيح للمعجم المفهرس وغيرها).

ثانياً: أهداف تدريس القرآن الكريم

يهدف تدريس القرآن الكريم إلى تعميق صلة الطلبة بكتاب اللـه تعالى، ومساعدتهم على تلاوته تلاوة صحيحة، وتهذيب نفوسهم، وتزويدهم بثروة لغوية من الألفاظ والتراكيب تساعدهم على التمكن من لغتهم، وتذوقها في حدود ما تسمح به قدراتهم.

ثالثاً: متطلبات سابقة لتدريس وحدة القرآن الكريم

اعلم أخي المعلم بأن اللـه تعالى قد اختارك من بين الناس جميعاً لتأدية هذه الأمانة، حيث قال تعالى: (وَلَقَدِ اخْتَرْنَاهُمْ عَلَى عِلْمٍ عَلَى الْعَالَمِينَ)[2]. ولكي تقوم بواجبك تجاه هذه الأمانة يجب عليك ما يلي:

1. إخلاص النية لله تعالى بأنك مبلغ هذا العلم عن اللـه تعالى إلى ورثة الأنبياء والصالحين.
2. استشعار عظمة العمل الذي تقوم به وما ينالك من الأجر والثواب العظيم عند اللـه تعالى.
3. التحضير الذهني قبل الدخول إلى أي حصة، أو ما يسمى بالتخطيط المسبق في علم التربية والتعليم.
4. التحضير العملي وذلك بالاطلاع على تفاسير آيات القرآن الكريم ومراجعة أحكام التلاوة والتجويد المتعلقة بها، خاصة وأن العلم متجدد، والإنسان قد يتعرض للنسيان في بعض الأحيان، فلا يكتفى بما هو موجود في الذاكرة.

---

(2) سورة الدخان، آية 32.

5. تحضير الوسائل المناسبة لتدريس آيات الدرس من مسجل أو حاسوب ومصحف وأوراق عمل وغيرها.
6. الوضوء قبل إعطاء الحصة الصفية وحث الطلبة على ذلك.

رابعاَ: أساليب تدريس القرآن الكريم:

حث النبي ﷺ على تعلم القرآن الكريم وتعليمه، حيث قال عليه السلام: «خيركم من تعلم القرآن وعلّمه»[3] قال تعالى :(إِنَّ الَّذِينَ يَتْلُونَ كِتَابَ اللهِ وَأَقَامُوا الصَّلَاةَ وَأَنْفَقُوا مِمَّا رَزَقْنَاهُمْ سِرًّا وَعَلَانِيَةً يَرْجُونَ تِجَارَةً لَنْ تَبُورَ)[4] .

خطوات وأساليب تدريس القرآن الكريم: (وحدة القرآن الكريم)

- التهيئة الذهنية للحصة
- المقدمة
- التلاوة التوضيحية
- التلاوة الفردية
- العرض للدرس
- التطبيق العملي (مراعاة الفروق الفردية)
- غلق الحصة (التقويم)

أولاً: التهيئة الذهنية

من خلال قيام المعلم بمجموعة من الإجراءات المتمثلة فيما يأتي:

1. السلام على الطلبة والاطمئنان على أحوالهم، والتأكد من محافظتهم على الصلوات جماعة في المسجد.

---

(3) البخاري، صحيح البخاري، ج6، ص108.

(4) سورة فاطر، آية 29.

2. التأكد من نظافة الصف والمقاعد.
3. حث الطلبة على أهمية الوضوء قبل البدء بحصة القرآن الكريم، وعلى أجر قارئ القرآن.
4. الاهتمام بالسبورة وذلك من خلال تقسيمها إلى أقسام مختلفة مراعياً كتابة البسملة والعنوان والتاريخ الهجري والميلادي، وحكمة اليوم مع بيان أهمية التاريخ الهجري.

المقدمة أو التمهيد

هدفها: تشويق الطلاب إلى معرفة موضوع الدرس، وفهم ما يتضمنه من أحكام ومعان، وإثارة أذهانهم إلى ما يحتويه من دروس وعبر لتهيئة الجو المناسب للدخول في الحصة.

أنواع المقدمة أو التمهيد

1. سبب النزول
2. ربط الدرس بقصة واقعية.
3. ربط الدرس الحالي بالدرس السابق.
4. طرح سؤال على الطلبة.
5. افتعال موقف معين يخدم أهداف الدرس.

شروطها

1. قصيرة.
2. واضحة.
3. مرتبطة بالدرس.
4. تخدم الدرس وذلك بالانتقال منها إلى الدرس بشكل مترابط.

ثانياً: التلاوة التوضيحية

وذلك من خلال قراءة المعلم للآيات القرآنية قراءة سليمة واضحة خالية من الأخطاء الإملائية والنحوية وبصوت جيد، مراعياً فيها أحكام التجويد، بحيث لا يقتصر المعلم على قراءتها مرة واحدة، وينبغي الإشارة هنا إلى أن يقوم المعلم بإعادة بعض المفردات والتراكيب الصعبة أكثر من مرة، وبصورة جماعية من قبل الطلبة. ولا مانع هنا من استخدام المسجل إذا كان صوته غير مقبول، وكذلك لتنويع سماع صوت عدا صوت المعلم، ويجب أن يراعي عند استخدام المسجل اختيار تسجيل بصوت وقراءة مناسبة لتعلم التلاوة.

ثالثاً: التلاوة الفردية

وفيها يشجع المعلم تلاميذه على الأداء الجيد، وتساعده في اكتشاف الأخطاء الفردية، وتصحيحها. وتكون بما يأتي:

1. تكليف بعض الطلبة المجيدين للتلاوة بالقراءة أولاً.
2. إعطاء المجال لباقي الطلاب بالتلاوة بدءاً من المتقنين ثم الجيدين ثم الضعاف وهكذا.

رابعاً: عرض الدرس أو بما يسمى بشرح الآيات

إذا كان النص طويلاً قسمه المعلم إلى وحدات أصغر، مترابطة المعنى، ثم يتناول كل وحدة بالشرح، ويربطها بعد ذلك بما قبلها وما بعده. ويكون الشرح بأساليب متعددة، منها: توجيه الأسئلة المثيرة حول المعنى العام أولاً، ثم المعايير الجزئية، ثم معاني المفردات بشرح معناها أو بذكر آية مرت فيها تلك المفردة على التلاميذ.

خامساً: التقويم الختامي

ويكون بما يأتي:

1. الاستماع إلى تلاوة عدد من التلاميذ، والحكم على مدى جودة التلاوة، ويحسن أن يستمع المعلم إلى من حفظ النص من التلاميذ، ثم يطلب من لم يحفظ بحفظه في المنزل.
2. التلاوة الزمرية. وفيها يقسم الفصل إلى زمر (مجموعات) ويتلوا كل فريق مرة أو أكثر، والمعلم يستمع، مع باقي تلاميذ الفصل، ويتوقف عند الخطأ ليصححه ، وقد يتلو أحسن تلميذ في كل فريق ويردد الآخرون وراءه ، ويلاحظ المعلم الأخطاء ، ويساعد التلاميذ على تصويبها .

خامساً: تحليل محتوى لوحدة القرآن الكريم

قبل أن نتطرق إلى درس تطبيقي لتحليل محتوى كتاب التربية الإسلامية لوحدة القرآن الكريم، لا بد لنا أن نبين بعض الجوانب النظرية المتعلقة بالتحليل، من حيث (مفهوم التحليل لغة واصطلاحاً، أهمية التحليل، ثم أهداف التحليل).

أولاً: معنى تحليل المحتوى:

- **لغة:** التجزئة.
- **اصطلاحاً:** هناك تعريفات مختلفة لتحليل المحتوى يمكن إجمالها بالآتي[(5)]:
- "**تحليل المحتوى:** أسلوب للبحث، يهدف إلى الوصف الموضوعي المنظم والكمي للمحتوى الظاهر للاتصال)
- "**تحليل المحتوى:** أسلوب منظم وصفي كمي للكيفية التي يكون عليها الفرد، موضوع الدراسة".
- "**تحليل المحتوى:** الأسلوب الذي يهدف إلى الوصف الموضوعي المنظم الكمي للمحتوى الظاهر للاتصال".

---

(5) الخوالد ناصر أحمد ه وعيد، يحيى اسماعيل، 2006، تحليل المحتوى في مناهج التربية الإسلامية وكتبها، الطبعة الأولى، دار وائل للنشر والتوزيع، عمان الأردن، ص159).

نلاحظ من التعريفات السابقة/ ما يأتي:

1. وجود محتوى معين

2. آليات العمل مختلفة.

> من خلال التعريفات السابقة يمكن لنا تعريف تحليل المحتوى بأنه عبارة عن مجموعة إجراءات عملية منظمة تستخدم الأسلوب التحليلي لوصف محتوى معيناً، من حيث معايير مختلفة.

فوائد تحليل المحتوى:

لتحليل المحتوى فوائد كثيرة، فعندما تطلب أخي المعلم مثلاً وصفاً دقيقاً لبيتاً تريد شرائه، فكأنك تريد من البائع أن يضعك الصورة العامة لهذا البيت من حيث عدد الغرف، والمساحة، والوضع العام للبيت....وغير ذلك. وهذا ما يتعلق بتحليل المحتوى للكتاب المدرسي فقبل أن يقوم المعلم بوضع خطته الفصلية أو السنوية، وقبل أن يدخل على طلبته في أول حصة صفية، ينبغي عليه أن يكون ملماً بالمادة التي يريد أن يدرسها لطلابه، من حيث عدد الدروس، وعناوينها، والنشاطات التي تتطلبها منه، والواجبات، وما هي القيم التي ينبغي أن يحرص المعلم على غرسها عند طلابه في الفصل الدراسي، وغيرها....

ولكن قد يسأل الكثيرون هل لهذا الأمر فائدة كبيرة؟ وما هي إن وُجدت؟ وهل الفائدة تقتصر على الطلاب؟ أم المعلمين؟

إن لتحليل المحتوى فوائد كثيرة يمكن تلخيصها بالآتي[6]:

(6) الخوالدة، وعيد، مرجع سابق، 2006.

فائدة تحليل المحتوى للمعلم:

1. زيادة فرص النجاح في مهنته، حيث أنه يقوم بتصميم التدريس من حيث: (القدرة على اشتقاق النتاجات التعليمية العامة والخاصة، وإعادة تنظيم المحتوى بصورة مناسبة للطلبة، ووضع البرنامج الزمني لتنفيذ المنهاج، واقتراح وسائل تعليمية وتقنيات متعددة، وتنظيم محاضرات أو ندوات أو لقاءات مع مختصين شرعيين لإثراء الموضوعات والمعرفة، والبحث عن أدوات تقويم مناسبة).
2. تحسين أداء المعلم في المواقف الصفية، من خلال: (مراعاة الفروق الفردية بين المتعلمين، ووضع البرامج التعزيزية والعلاجية لأصحاب الحاجة، وتنظيم أنواع النشاط المناسبة من حيث زمن التنفيذ والمستوى، واختيار طرائق التدريس وأساليبه المناسبة، وإعداد أدوات التقويم).

فائدة تحليل المحتوى للمتعلم

وتتمثل بالآتي:

1. تلبيه احتياجات المتعلم ومراعاة قدراته.
2. تحسين أداء المعلم.
3. تحريك باعث أو الدافع للتعليم عند المعلم.
4. التقليل من مبررات التسرب من عملية التدريس.

فائدة تحليل المحتوى لعملية التدريس

1. تفعيل عملية التدريس.
2. جعل التعلم ذي معنى.
3. تحسين المخرجات التعليمية.
4. تحسين كفايات التعليم، بخفض النفقات والتقليل من نسبة الرسوب والتسرب وغيرها.

تطبيق عملي لتحليل محتوى وحدة القرآن الكريم من كتاب التربية الإسلامية للصف الثامن الأساسي

المادة: التربية الإسلامية

الصف: الثامن الأساسي/ الجزء الثاني/ العام الدراسي 2009

الوحدة	النتاجات العامة	المفردات والتراكيب	المفاهيم والمصطلحات	الأفكار الرئيسة	النشاط		الحقائق	القيم والاتجاهات	الأحكام الشرعية
					البنائي	الختامي			
وحدة القرآن الكريم وحدة القرآن الكريم	1.تلاوة الآيات القرآنية تلاوة سليمة خالية من الأخطاء الإملائية. 2.إدراك معاني المفردات والتراكيب والمفاهيم الواردة في الآيات. 3.استنتاج أهم الأفكار الرئيسة المتعلقة بالآيات الكريمة. 4.تطبيق أحكام التلاوة والتجويد الخاصة بكل وحدة أو كل مرحلة من المراحل العمرية.	مخذولاً وقضى ربك فلا تقل لهما أف ولا تنهرهما للأوابين مغلولة محسوراً يقدر إملاق خطئاً كبيرا يبلغ أشده	الحروف المقطعة حروف المد مد لازم كلمي مخفف مد لازم كلمي مثقل مد لازم حرفي مخفف مد لازم حرفي مثقل مد طبيعية الشرك التبذير التكافل الاجتماعي الوسطية الزنا	- قسم علماء التجويد الحروف المقطعة إلى ثلاثة أقسام من حيث مدها (حروف لا مد فيها، وحروف تمد مداً طبيعياً، وحروف تمد مداً لازماً)	استنتج حكمتين من ذكر قصة موسى عليه السلام مع فرعون وقومه. - نزل القرآن الكريم	- اكتب مقالة تبين فيها وضع الناس لو لم يرسل اللـه تعالى إليهم الرسل. - اكتب مقالة تبين فيها جهود العلماء في	- الحروف المقطعة في بداية السور القرآنية تدل على إعجاز القرآن الكريم - التوحيد والخضوع لله هو	تقدير جهود علماء التجويد في خدمة القرآن الكريم. التزام أحكام التجويد في قراءة القرآن الكريم. حب الوالدين	- وجوب تعلم أحكام التلاوة والتجويد. - وجوب طاعة الوالدين لأنها من طاعة اللـه. - وجوب

وحدة القرآن الكريم	5.استخراج أهم ما ترشد إليه الآيات الكريمة. 6.استخدام المعجم المفهرس لألفاظ القرآن الكريم في البحث عن مواضع الألفاظ والآيات في القرآن الكريم. 7.الاقبال على تلاوة القرآن الكريم وحفظه مراعياً أحكام التلاوة والتجويد. 8.تمثل القيم والأخلاق الواردة في الآيات الكريمة.	القسطاس المستقيم مرحاً أحسن تأويلاً مدحوراً مثبوراً يستفزهم لفيفاً مكث بصائر	الوفاء بالعهد	- أوصى الله المؤمنين بـ:(توحيد الله، وبر الوالدين، رعاية حقوق الأقارب والمحتاجين) - من السلوكات التي ترشد الإنسان إلى السلوك السليم: (التوسط والاعتدال في **الإنفاق**، تحريم قتل الأولاد خشية الفقر، تحريم	مفرقاً لحكم كثيرة، اذكر اثنتين منها. - بين ثلاثة آثار يجنيها المسلم من التواضع. - من خلال العمل في مجموعات، ناقش مع زملائك الآثار السلبية	حفظ القرآن الكريم في وقتنا الحالي واقرأها في الإذاعة المدرسية الصباحية. - اكتب تقريراً تبين فيه أسباب انتشار الإيدز في المجتمعات. - اكتب في دفترك الآيات التي ابتدأت	أساس الإيمان. - جعل الإسلام العقوبة على قدر كل جريمة. - الرزق فقط بيد الله تعالى. - الشرك بالله أعظم الذنوب. - أيد الله تعالى موسى عليه السلام بتسع آيات بينات.	واحترامهما - المسلم يمد يد المساعدة للمحتاجين على قدر استطاعته. - المسلم يحترم الآخرين ولا يؤذيهم. - الإحسان إلى اليتيم ورعايته. - احترام المواعيد والمواثيق مع الآخرين. - الابتعاد عن الظن السئ.	لتوسط في الإنفاق والنهي عن البخل والإسراف. - حرم الإسلام قتل الأولاد خشية الفقر. حرم الإسلام الزنا وحث على اجتنابه. -حرم

				الزنا ووجوب اجتنابه، وتحريم قتل النفس بغير حق. - وسائل تحقق السعادة للبشرية: (المحافظة على مال اليتيم، الوفاء بالعهد، الإيفاء بالكيل والميزان، التواضع، الإيمان بالله). - أيد اللـه تعالى موسى بآيات هي:(العصا والحية، واليد،	للتبذير على الفرد والمجتمع وما هي طرق علاجها.	بحروف مقطعة.	- العذاب والهلاك مصير كل من يكفر بآيات اللـه وينكرها. - أهلك اللـه تعالى فرعون وقومه بالغرق. - أنزل اللـه تعالى القرآن الكريم على سيدنا محمد عليه السلام. اللـه تعالى	- التواضع والابتعاد عن الكبر. - يحافظ المسلم على قراءة القرآن بتدبر.	الإسلام قتل النفس بغير حق. -يحرم الاعتداء على أموال اليتيم. - وجوب الوفاء بالعهد. -حرمة التطفيف في الكيل والميزان. - وجوب التثبت من الأخبار

				القمل، الضفادع، الدم، نقص الثمرات، الجراد، السنين، الطوفان). - أيد الله تعالى الأنبياء بالمعجزات والآيات للدلالة على صدقهم.			يؤيد رسله وينصرهم على أعدائهم.		بعد تلقيها. -وجوب التواضع والابتعاد عن الكبر. - وجوب المحافظة على القرآن الكريم.

درس تطبيقي:

قال تعالى :أعوذوا بالله من الشيطان الرجيم: (وَقَضَى رَبُّكَ أَلَّا تَعْبُدُوا إِلَّا إِيَّاهُ وَبِالْوَالِدَيْنِ
إِحْسَانًا إِمَّا يَبْلُغَنَّ عِنْدَكَ الْكِبَرَ أَحَدُهُمَا أَوْ كِلَاهُمَا فَلَا تَقُلْ لَهُمَا أُفٍّ وَلَا تَنْهَرْهُمَا وَقُلْ لَهُمَا قَوْلًا كَرِيمًا (23)
وَاخْفِضْ لَهُمَا جَنَاحَ الذُّلِّ مِنَ الرَّحْمَةِ وَقُلْ رَبِّ ارْحَمْهُمَا كَمَا رَبَّيَانِي صَغِيرًا (24) رَبُّكُمْ أَعْلَمُ بِمَا فِي نُفُوسِكُمْ
إِنْ تَكُونُوا صَالِحِينَ فَإِنَّهُ كَانَ لِلْأَوَّابِينَ غَفُورًا (25) وَآتِ ذَا الْقُرْبَى حَقَّهُ وَالْمِسْكِينَ وَابْنَ السَّبِيلِ وَلَا تُبَذِّرْ
تَبْذِيرًا (26) إِنَّ الْمُبَذِّرِينَ كَانُوا إِخْوَانَ الشَّيَاطِينِ وَكَانَ الشَّيْطَانُ لِرَبِّهِ كَفُورًا (27) وَإِمَّا تُعْرِضَنَّ عَنْهُمُ ابْتِغَاءَ
رَحْمَةٍ مِنْ رَبِّكَ تَرْجُوهَا فَقُلْ لَهُمْ قَوْلًا مَيْسُورًا (28) وَلَا تَجْعَلْ يَدَكَ مَغْلُولَةً إِلَى عُنُقِكَ وَلَا تَبْسُطْهَا كُلَّ
الْبَسْطِ فَتَقْعُدَ مَلُومًا مَحْسُورًا (29) إِنَّ رَبَّكَ يَبْسُطُ الرِّزْقَ لِمَنْ يَشَاءُ وَيَقْدِرُ إِنَّهُ كَانَ بِعِبَادِهِ خَبِيرًا بَصِيرًا)[1]
.

خطوات إعداد المعلم لهذا الدرس

يجب على المعلم قبل تدريس دروس القرآن الكريم إتباع الخطوات الآتية:

أولاً: الإعداد الذهني: كما قلنا سابقاً، وذلك بقراءة الآيات المسبق، ثم الرجوع إلى كتب التفسير، والتعرف على معاني المفردات والتراكيب، واختلاف العلماء في المسائل إن وجد ذلك.

ثانياً: التحضير الكتابي: ويشمل ما يلي:تحديد الأهداف السلوكية، أو النتاجات الخاصة بالدرس: وهنا يجب مراعاة الأهداف السلوكية الثلاثة (المعرفية والنفس حركية، والوجدانية) كالآتي:

---

(1) سورة الإسراء، الآيات (22-30).

يتوقع من الطالب بعد دراسة الدرس السابق أن يكون قادراً على ما يأتي:

1. تلاوة الآيات الكريمة السابقة (23-30) من سورة الإسراء تلاوة سليمة خالية من الأخطاء النحوية.
2. تطبيق أحكام التلاوة والتجويد الواردة في الآيات.
3. حفظ الآيات الكريمة السابقة غيباً.
4. بيان معاني المفردات والتراكيب والمفاهيم الواردة (مخذولاً، وقضى ربك، ولا تنهرهما، للأوابين، أف).
5. استخراج أهم الأفكار الرئيسة الواردة.
6. استنتاج أهم ما ترشد إليه الآيات الكريمة.
7. تمثل الأخلاق المتعلقة باحترام الوالدين وطاعتهما كما وردت في الآيات.
8. تفسير الآيات الكريمة تفسيراً سليماً.

ثالثاً: تحديد الوسائل التعليمية: مثل: (المسجل، لوحة حائط مكتوب عليها الآيات الكريمة، بطاقات تعليمية لمعاني المفردات، جهاز الحاسوب، جهاز العرض الرأسي أو جهاز العرض بواسطة الحاسوب - Data Show.

رابعاً: قواعد عامة قبل التدريس: مثل التأكد من نظافة الصف، والتفتيش على الواجب البيتي،.........

خامساً: التمهيد للدرس: وقد يذكر هنا حديث نبوي شريف يحث على طاعة الوالدين، أو قصة واقعية حدثت في زماننا، أو بيان سبب نزول الآيات إن وجدت وهكذا.

(مدة التمهيد يجب ألا تزيد عن خمس دقائق)

سادساً: العرض أو شرح الدرس: ويكون بما يلي:

- تهيئة الطلاب ذهنياً، من خلال بيان فضل قراءة القرآن، ووجوب الاستماع إليه، وترتيب السبورة بشكل مناسب، من حيث كتابة البسملة وعنوان الدرس، والتاريخ الهجري والميلادي، وكتابة حكمة اليوم على السبورة، والمربع الخاص بالواجب الصفي والبيتي. ويفضل أن تقسم السبورة إلى ثلاثة أقسام؛ قسم خاص بالأفكار الرئيسة للدرس، وقسم خاص بمعاني المفردات والتراكيب، وقسم خاص بحكم التلاوة والتجويد.

- القراءة السرية: وذلك بتكليف الطلاب بقراءة الآيات كل على حدة لمدة دقيقتين.

- استخدام المعلم للمسجل أو بديلهُ بشرط أن يقوم بتحضير الآيات مسبقاً لضمان عدم تضييع الوقت، أو تلاوة المعلم نفسه للآيات- إن كان صوته جميلاً-، أو تكليف أحد الطلبة المتقنين للتلاوة بالقراءة، بشرط الالتزام بقواعد التجويد، ويفضل القراءة بالتحقيق.

- تكليف الطلاب بوضع إشارة أو دائرة حول الكلمات أو المفردات الصعبة، ثم مناقشتهم بمعانيها.

- تقسم الآيات إلى أفكار رئيسة، بحيث لا يقوم المعلم بشرح الآيات جملة واحدة، وإنما يقسمها على السبورة إلى وحدات موضوعية، ويقوم بتفسير كل وحدة على حداها تفسيراً إجمالياً كالآتي:

مثال: تقسيم الدرس السابق إلى الأقسام الآتية على السبورة

القسم (الآيات)	الأفكار الرئيسة	معاني المفردات والتراكيب	الربط
الآية: (وقضى ....للأوابين غفوراً)	وجوب طاعة الوالدين	قضى، يبلغن، لهما أف، تنهرهما، واخفض، جناح، للأوابين...	مثل: سال عبد الـلـه بن مسعود رضي الـلـه عنه أي العمل أفضل. قال: الصلاة لوقتها، قال قلت: ثم أي؟ قال: بر الوالدين [1]
(وآت ذا القربى.....قولاً ميسوراً)	- التصدق إلى الأقرباء والفقراء المحاجين. - النهي عن الإسراف في كل شي - شبه الـلـه المسرفين بإخوان الشياطين. - معاملة الفقراء والمساكين معاملة حسنة إذا لم يكن معنا مال لإعطائهم.	حقه، ابن السبيل، المبذرين، ...	
(ولا تجعل يدك....خبيراً بصيراً)		مغلولة، تبسطها، ملوماً، محسوراً.........	

(ملاحظة: مدة العرض 30 دقيقة)

- قراءة الطلاب المتوسطين ثم الضعفاء، ومناقشة الطلبة بالأفكار الرئيسة ثم تدوينها على السبورة.

(1) صحيح مسلم، كتاب الإيمان، رقم (120).

- **الربط:** عن طريق الاستماع إلى أراء ونقاشات الطلاب، وربطها بواقع الحياة من قصص ومشاهدات، وربطها بأحاديث نبوية لها علاقة بالموضوع.[1] ويفضل أن تكون هذه الأحاديث مكتوبة على لوحات خاصة بحيث تلصق أمام كل فكرة من الأفكار في الجدول السابق.

سابعاً: التقويم أو ما يسمى بغلق الحصة: ويكون بعدة طرائق:

- التلخيص الشفهي لأفكار الدرس، ويفضل أن تكون من قبل الطلبة أنفسهم ثم التعقيب عليها من قبل المعلم.
- طرح الأسئلة من قبل المعلم.
- توظيف ما ترشد إليه الآيات الكريمة: وهذا جانب مهم من جوانب تلخيص الدرس، بحيث يطلب المعلم من الطلبة استنتاج كل ما يصلون إليه ومما فهموه من الآيات مع تدوينها على السبورة، وهذا يفيد المعلم في معرفة مدى وصول المعلومة للطلاب، والطريقة التي وصلت إليهم، بحيث يقوم بتصويب الأخطاء إن وجدت، وتعزيز الإجابات الصحيحة.

(ملاحظة: مدة التقويم أو غلق الحصة 7 دقائق)

ثامناً: إعطاء الواجب البيتي: وذلك بتحديد سؤال أو سؤالين من الأسئلة المقررة في نهاية الدرس، وينبغي الإشارة هنا إلى أن الواجب البيتي يكون في الأسئلة التي تحتاج إلى تحليل واستنتاج أو رجوع إلى الفهرس أو أحد كتب التفسير، ويتجنب المعلم إعطاء واجبٍ بيتي يتعلق بالأسئلة المباشرة للطلبة، مثل تعريف بعض المفردات والتراكيب أو تعداد بعض النقاط الموجودة في الكتاب المدرسي، التي لا فائدة من إعطائها للطلبة حتى لا تكون مهمته النقل فقط. ولا من المهم

(1) الشمري، هدى علي جواد ، 2003، طرق تدريس التربية الإسلامية، الطبعة الأولى، دار الشروق للنشر والتوزيع، عمان، الأردن.

إعطاء واجبٍ إضافي غير موجود في الكتاب المدرسي مثل الرجوع إلى أحد كتب التفسير، أو كتب الحديث الشريف، لما لهذا الأمر من فائدة عظيمة تتمثل في اطلاع الطالب على هذه الكتب، وتعليمه كيفية الرجوع إليها واستخراج معنى معين لتفسير آية أو غيرها.

مثال: يعطي المعلم واجباً للأسئلة الآتية:

1. فسر قوله تعالى: (وَاخْفِضْ لَهُمَا جَنَاحَ الذُّلِّ مِنَ الرَّحْمَةِ)[1].
2. بيّن صور التكافل الاجتماعي التي اشتملت عليها الآية الكريمة الآتية:(وَآتِ ذَا الْقُرْبَى حَقَّهُ وَالْمِسْكِينَ وَابْنَ السَّبِيلِ وَلَا تُبَذِّرْ تَبْذِيرًا) [2].

نصائح عامة للمعلمين

1. البدء بالبسملة وحمد الله والصلاة على نبيه ﷺ قبل البدء بالحصة وتعويد طلابه على ذلك ولو حتى بالشكل الجماعي.
2. تعليم طلابه ذكراً من الأذكار المتعلقة بأذكار الصباح، أو الأذكار المتعلقة بالحياة مثل نزول المطر، والريح، والبرق.....وغيرها.
3. سؤال الطلاب يومياً عمن صلى الصلوات الخمس جماعة وخاصة الفجر، وتعزيزهم على ذلك.
4. ختم الحصة بالدعاء المأثور عن النبي ﷺ: «سبحانك اللهم وبحمدك، نشهد أن لا إله إلا أنت، نستغفرك ونتوب إليك».

(1) سورة الإسراء، آية 24.

(2) سورة الإسراء، آية 26.

ملخص عام لخطوات تدريس الدرس السابق

الرقم	الخطوة
1	الإعداد الذهني والتخطيط المسبق
2	الإعداد الكتابي
3	تحديد الوسائل التعليمية
4	قواعد عامة قبل البدء بالتدريس
5	العرض
6	التقويم (البنائي والختامي)
7	غلق الحصة ثم الواجب البيتي

وسائل تعلمية خاصة بوحدة القرآن الكريم

1) المسجل
2) الحاسوب
3) جهاز العارض بواسطة الحاسوب - Data Show
4) لوحات الحائط: حيث تكتب الآيات على لوحة خاصة وبألوان مختلفة وتعرض أمام الطلاب.
5) مختبر اللغة.
6) نماذج من كتب تفسير القرآن الكريم تعرض على الطلبة.
7) المصحف الشريف لتلاوة الآيات ويفضل أن يكون المصحف المعلم.
8) الكتاب المدرسي.
9) أوراق الآيات التعليمية: بأن توزع ورقة تحتوي على الآيات المراد تدريسها على كل طالب، ليدون عليها ملاحظاته.
10) أشرطة الفيديو
11) جهاز العرض الرأسي O.H.P

المبحث الثاني: وحدة الحديث النبوي الشريف

الحديث النبوي الشريف له أهمية عظيمة عند المسلمين، حيث تأتي أهميته في المرحلة الثانية بعد القرآن الكريم، وخاصة وأنه المصدر الثاني من مصادر التشريع. وقد ثبتت حجية الحديث الشريف بالقرآن الكريم، والسنة النبوية نفسها، وفعل الصحابة.

قد ربط الـلـه تعالى في القرآن الكريم طاعة الـلـه تعالى بطاعة رسوله الكريم ﷺ، حيث قال تعالى : (وَأَطِيعُوا اللـهَ وَالرَّسُولَ لَعَلَّكُمْ تُرْحَمُونَ)[1]، أما السنة النبوية فقد ثبت عن النبي عليه السلام أنه قال: «**عليكم بسنتي وسنة الخلفاء المهديين بعدي، عضوا عليها بالنواجذ**».

النتاجات العامة لتدريس وحدة الحديث النبوي الشريف

يتوقع من الطالب بعد دراسته لوحدة الحديث النبوي الشريف أن يكون قادراً على ما يأتي:

1. يقرأ الأحاديث النبوية الشريفة بلغة سليمة واضحة خالية من الأخطاء الإملائية والنحوية.
2. يستخرج معاني المفردات والتراكيب الواردة.
3. يحفظ الأحاديث النبوية الشريفة غيباً.
4. يستنتج أهم ما ترشد إليه الأحاديث النبوية الشريفة.
5. يستنبط الأحكام الشرعية من الأحاديث النبوية الشريفة.
6. يعرف برواة الأحاديث النبوية الشريفة.

(1) سورة آل عمران، آية 132.

7. يقدر جهود العلماء في التحري عن الأحاديث الصحيحة من حيث الصحة والضعف.

توجيهات عامة تتعلق بتدريس الحديث الشريف

هناك توجيهات عامة ينبغي مراعاتها في تدريس وحدة الحديث الشريف تتمثل بالآتي:

1. التأكد من صحة الحديث الشريف، والأحاديث الأخرى التي يمكن أن يستدل بها المعلم في تدريسه، بحيث لا يستدل إلا بالأحاديث الصحيحة.
2. استعمال أسلوب تحليل النصوص، وذلك من خلال تحليل فقرات الحديث الشريف، فقرة فقرة، أو تقسيم الحديث إلى موضوعات ومناقشها كل على حداه.
3. الاستعانة بكتب الصحاح، ويفضل إحضارها معه إلى غرفة الصف.
4. إعطاء بعض حصص الحديث الشريف في مكتبة المدرسة، حتى يتعرف الطلبة على الكتب التي ألفت في الحديث الشريف.
5. عرض الحديث الشريف على لوحة خاصة، أو كتابته على السبورة، لمناقشته أمام الطلبة.
6. الاستفاضة فيما يتعلق بما يرشد إليه الحديث الشريف، بحيث يحث الطلبة على محاولة استنتاج ما يرشد إليه الحديث الشريف.
7. ما يتعلق بالسيرة الذاتية للراوي: يركز فيها المعلم على أهم ما يميز الراوي عن غيره من الرواة، وما هي الأمور التي اشتهر بها هذا الراوي، وعلى المعلم هنا استخدام أسلوب الهوية الشخصية للراوي، وتكليف الطلبة بكتابتها في دفاترهم كالآتي:

السيرة الذاتية للراوي

الاسم:..................................

اسم الأب: ....

اسم الجد: ....

اسم العائلة: ....

مكان الولادة: ....

سنة الولادة: ....

مكان الوفاة: ....

سنة الوفاة: ....

مكان الدفن: ....

الكنية: ....

أهم الصفات: ....

تطبيق عملي لتحليل محتوى وحدة الحديث النبوي الشريف من كتاب التربية الإسلامية للصف الثامن الأساسي

المادة: التربية الإسلامية

الصف: الثامن الأساسي/ الجزء الثاني/ العام الدراسي 2009

الوحدة	النتاجات العامة	المفردات والتراكيب	المفاهيم والمصطلحات	الأفكار الرئيسة	النشاط		الحقائق	القيم والاتجاهات	الأحكام الشرعية
					البنائي	الختامي			
وحدة الحديث النبوي الشريف	1. يقرأ الأحادي النبوية الشريفة بلغة صحيحة واضحة خالية من الأخطاء الإملائية والنحوية. 2. يستخرج معاني المفردات والتراكيب الواردة. 3. يحفظ الأحاديث النبوية الشريفة غيباً.	سلم المسلمون المهاجر يسخط لكم تعتصموا بحبل اللـه زانه شانه سَنَن	الغيبة النميمة العبادة النصيحة الرفق الزنا الوفاء بالعهد	يقسم إيذاء الآخرين إلى قسمين: (الإيذاء باليد ومن صور(القتل، والضرب والاعتداء على المال العام)، والإيذاء	-استنتج سبب اقتصار النبي عليه السلام على اليد واللسان عند ذكره لإيذاء المسلمين.	- اكتب مقالة تبين فيها أثر الغيبة والنميمة على المجتمع السلم. - ارجع إلى بعض وصايا	- التمسك بدين اللـه تعالى هو أساس قوة المسلمين. - خلق اللـه تعالى الإنسان	- تقدير جهود علماء الحديث في خدمة الحديث الشريف من حيث التحري عن صحة الروايات وغيرها. -التزام	- حرم الإسلام (سب الناس وشتمهم، والسخرية، والغيبة والنميمة، وإفشاء السر). - حرم الإسلام: (القتل،

وحدة الحديث النبوي الشريف	4.يستنتج أهم ما ترشد إليه الأحاديث النبوية الشريفة. 5.يستنبط الأحكام الشرعية من الأحاديث النبوية الشريفة. 6.يعرف برواة الأحاديث النبوية الشريفة. 7.يقدر جهود العلماء في التحري عن الأحاديث الصحيحة من حيث الصحة والضعف.	صبٌ			باللسان ومن صوره (السب والغيبة والنميمة) الأفعال التي يرضاها اللـه لعباده: (العبادة، الاعتصام بدين اللـه، مناصحة ولي الأمر) الأفعال التي يكرهها اللـه: (قيل وقال، وإضاعة المال، كثرة السؤال)	- ما موقفك إذا كنت في مجلس يغتاب الحاضرون فيه مسلماً غائبا. ناقش من خلال مجموعتك أثر التمسك بالإسلام في وحدة المسلمين.	الصحابة للجنود عند خروجها للقتال، ثمن بين نوع الرفق الذي اشتملت عليه واعرضه **على زملائك.** - اكتب تقريراً عن أثر وسائل الإعلام	لعبادته فقط. - عائشة بنت أبي بكر رضي اللـه عنها هي أم المؤمنين وإحدى زوجات النبي عليه السلام. - الأمة الإسلامية لا تجتمع على	النصائح والأوامر الواردة في الأحاديث وأتجنب النواهي. أكره أفعال غير المسلمين ولا أتبعها. - التمسك بسنة النبي عليه السلام وأقتدي به عملاً وقولاً وسلوكاً. - التزم بالرفق في جميع حياتي،	والاعتداء على المرافق العامة. - يجب على المسلم هجران المعاصي والذنوب والابتعاد عن كل ما يؤدي إليهما. - وجوب الأمر بالمعروف والنهي عن المنكر على المسلمين كل حسب استطاعته.

				حث الإسلام على الرفق في كل شيء	اكتب ثلاثة أعمال فيها إضاعة للمال. أعط صوراً أخرى للرفق في مجالات الحياة.	المتنوعة في نشر مظاهر التقليد الأعمى بين المسلمين.	ضلالة أو خطيئة.	ومع الجميع بشراً كانوا أم حيوانات. أحرص على تقديم النصح لجميع الناس وعلى قدر استطاعتي.	-يحرم إيذاء الحيوانات ومعاملتها معاملة غير حسنة. - حرمة إتباع غير المسلمين وتقليدهم فيما هو من خصائص دينهم وشعائرهم.

خطوات تدريس الحديث النبوي الشريف:

الخطوات	المدة الزمنية	الوسائل التعليمية
التهيئة الذهنية	دقيقتان	يمكن استخدام الوسائل التعليمية الآتية: ■ الكتاب المدرسي ■ لوحة مكتوب عليها الحديث الشريف ■ بطاقات تعريفية بالراوي أو معاني المفردات
المقدمة أو التمهيد	4 دقائق	
العرض أو شرح الحديث	30 دقيقة	
التعريف براوي الحديث النبوي الشريف		
الحوار والمناقشة		
التقويم البنائي		
التقويم الختامي	6 دقائق	
غلق الحصة	4 دقائق	

نموذج تطبيقي في تدريس الحديث النبوي الشريف

المستوى الدراسي: الصف الثامن الأساسي

الدرس: الأول: المسلم المهاجر

عن عبد الله بن عمرو بن العاص رضي الله عنهما عن النبي ﷺ قال: «**المسلم من سلم المسلمون من لسانه ويده، والمهاجر من هجر ما نهى الله عنه**»[1].

(1) صحيح البخاري، كتاب الرقاق، باب الانتهاء عن المعاصي، حديث رقم 6003.

النتاجات الخاصة من تدريس الحديث السابق

يتوقع من الطالب بعد دراسة الحديث السابق أن يكون قادراً على ما يلي:

1. يحفظ الحديث النبوي الشريف غيباً.
2. يعرف براوي الحديث.
3. يقرأ الحديث النبوي الشريف قراءة سليمة خالية من الأخطاء الإملائية والنحوية.
4. يوضح معاني المفردات والتراكيب الواردة في الحديث الشريف.
5. يستنتج أهم ما يرشد إليه الحديث الشريف.
6. يعطي أمثلة من واقع الحياة على الإيذاء باللسان واليد.

التهيئة الذهنية

يبدأ المعلم درسه بالسلام على طلبته ثم الصلاة والسلام على نبينا محمد ﷺ، وغيرها من الخطوات التي ذكرناها سابقاً في التهيئة الذهنية المتعلقة بأساليب تدريس القرآن الكريم.

المقدمة: يمكن للمعلم هنا أن يستخدم إحدى الطرق الآتية:

1. يذكر المعلم للطلاب قصة الصحابي الجليل معاذ بن جبل عندما سأل النبي ﷺ: هل نحن مؤاخذين بما نتكلم به؟ فقال له النبي عليه السلام: وهل يكب الناس في النار إلا حصائد ألسنتهم" [1].
2. ربط الدرس بواقع الحياة، كأن يعطي المعلم أمثلة من واقع الناس وما يتكلمون به مع بعضهم البعض وخاصة الشباب وما يرافقه من كلام غيبة وكذب.....وغيرها.

---

(1) صحيح البخاري، المرجع السابق.

العرض وشرح الحديث النبوي الشريف

يتبع المعلم الخطوات الآتية بشكل متسلسل لعرض هذا الحديث النبوي الشريف:

1. توظيف السبورة بكتابة البسملة، والتاريخ الهجري والميلادي وحكمة اليوم والواجب البيتي والصفي، مع ترك عنوان الدرس فارغاً.
2. يعلق لوحة الحائط (المكتوب عليها الحديث الشريف) على السبورة بحيث تكون مكتوبة بخط واضح ومفهوم، مع تمييز معاني المفردات والتراكيب الصعبة بخط آخر يختلف عن باقي الكلمات مثل (سلم المسلمون، المهاجر).
3. يقرأ المعلم الحديث الشريف قراءة جهرية واضحة بلغة سليمة مع تكرار القراءة مرتين أو ثلاثة.
4. الطلب من الطلبة قراءة الحديث الشريف قراءة صامته.
5. تكليف بعض الطلبة المجيدين للقراءة بلغة سليمة بقراءة الحديث بصوت مرتفع.
6. حث الطلبة على محاولة حفظ الحديث غيباً، بحيث يقوم المعلم بتسميع الحديث آخر الحصة.
7. تقسم السبورة إلى ثلاثة أقسام، بحيث يقوم المعلم بالتعريف براوي الحديث الشريف، ثم تقسيم الحديث إلى قسمين أو فكرتين رئيسيتين، وشرح كل فكرة لوحدها، مع استعمال الرسم التوضيحي، وهذا الرسم في غاية الأهمية لأنه يقرب المفاهيم إلى الطلبة، ويساعدهم على استنتاج سبب تركيز النبي عليه السلام على اليد واللسان فقط دون غيرهما، ثم يربط المعلم الدرس بواقع الحياة بالاستماع إلى الطلبة، وما يعطونه من أمثلة على الإيذاء باللسان واليد، مع كتابتها السبورة، وكذلك هجران المعاصي، ثم يدعمها المعلم بالأحاديث النبوية الموجودة في الكتاب المدرسي، ولا مانع

هنا من تكليف بعض الطلبة بقراءة الأحاديث الشريفة والآيات الكريمة وربطها بالحديث الرئيس. وبعدها يطلب المعلم من الطلبة استنتاج ما يرشد إليه الحديث الشريف، مستعملاً أسلوب العصف الذهني بأن يقوم كل طالب باستنتاج أمر فهمه من الحديث وكتابة استنتاجاتهم على السبورة، ومناقشتهم بها. والرسم الآتي يوضح ذلك:

شكل توضيحي للسبورة مع تقسيمها إلى أقسام رئيسية

القسم الأول	القسم الثاني	القسم الثالث
راوي الحديث الشريف: يستخدم المعلم أسلوب السيرة الذاتية أو الهوية للراوي كالآتي: الاسم: عبد اللـه اسم الأب والجد: عمرو بن العاص. صفاته: 1. رواية الحديث. 2. كتابة الحديث الشريف مكان الوفاة: المدينة المنورة. سنة الوفاة: 63 للهجرة.	عرض اللوحة (الحديث الشريف)	الفكرة الأولى: المسلم من سلم المسلمون من لسانه ويده أمثلة الإيذاء باللسان: (السب، الشتم، السخرية، الاستهزاء، الغيبة، النميمة، إفشاء السر، الكذب في القول، شهادة الزور أمثلة الإيذاء باليد: (القتل، الاعتداء على الناس بالضرب ظلماً، السرقة، الاعتداء على المرافق العامة.
	رسم لإنسان مع التركيز على اليد واللسان وأمثلة على كل واحد منها يشملها الحديث الشريف	الفكرة الثانية: المهاجر من هجر ما حرم اللـه تعالى. (هجران المعاصي والذنوب) أمثلة على ذلك.
	ما يرشد إليه الحديث الشريف:	

8. التقويم الختامي: يطرح المعلم أسئلة على الطلبة مثل: (من يقرأ لي الحديث الشريف غيباً؟ من منكم يعطيني عنواناً للدرس غير العنوان الموجود في الكتاب؟ ما معنى المفردات الآتية: سلم المسلمون، المهاجر.....وهكذا)، ثم يقوم المعلم بحل الأسئلة الموجودة في الكتاب المدرسي، فيمكن للمعلم أن يختار الأسئلة الآتية: (علل: قدّم رسول اللـه ﷺ

الإيذاء باللسان على الإيذاء اليد، بيّن كيف يهجر المسلم الذنوب والمعاصي)

9. غلق الحصة: بتلخيص المعلم الأفكار الرئيسة شفهياً، ثم التأكيد على الواجب البيتي، وبعدها قراءة دعاء ختم المجلس وهو: «سبحانك اللهم وبحمدك نشهد أن لا إله إلا أنت نستغفرك ونتوب إليك».

المبحث الثالث:وحدة الفقه الإسلامي

يعتبر تدريس مادة الفقه الإسلامي من أهم فروع التربية الإسلامية لأنها تمس حياة المسلم بشكل دائم. لذا فقد رأيى العلماء أنه يجب على المسلم أن يتفقه في أمور دينه بما يمكنه من ممارسة عباداته اليومية على الأقل بشكل صحيح، ولا غرابة إذا قلنا أن الفقه سلاح المؤمن فهو تطبيق عملي يجمع فيه ما درسه الطالب في التلاوة عندما يقرأ آيات الأحكام أو حتى عندما يقرأ الفاتحة في صلاته، والسنة النبوية عندما يصلي كما علمنا الرسول عليه السلام، والعقيدة إذ نتوجه لمعبود واحد ولا نتوجه لسواه.

النتاجات العامة لوحدة الفقه الإسلامي

يتوقع من الطالب بعد الانتهاء من دراسة الفقه الإسلامي أن يكون قادراً على ما يأتي:

1. يوضح المفاهيم والمصطلحات والمفردات والتراكيب الواردة في وحدة الفقه الإسلامي.
2. يوضح سبب مشروعية الأحكام الواردة في وحدة الفقه.
3. يستخلص الأحكام المختلفة الواردة في وحدة الفقه.
4. يستدل بأدلة شرعية على الموضوعات المقررة.
5. يقبل على تعلم أحكام الفقه الإسلامي والعمل بها في حياته.

توجيهات عامة في تدريس دروس الفقه الإسلامي

هناك توجيهات عامة ينبغي على معلم التربية الإسلامية الإلمام بها تتمثل بالآتي:

1. مراعاة المرحلة العمرية للطلاب، فما يناسب طلاب المرحلة الأساسية، ليس بالضرورة أن يناسب المرحلة الثانوية في الموضوعات المختلفة، والجدول الآتي يبين بعض الموضوعات التي تناسب كل مرحلة:

موضوعات تناسب المرحلة العمرية الأساسية	موضوعات تناسب المرحلة العمرية الثانوية
لا تناسبها الخلافات الفقهية والبحث فيها	الخلافات الفقهية وأسبابها، وإيجابياتها...
التركيز على الجانب العملي التطبيقي	التركيز على الجانب النظري مع التطرق إلى الجانب العملي
استعمال أسلوب التلقين والحفظ وتلقي المعلومات	استعمال أسلوب تحليل النصوص والاستقصاء والاستنتاج والإقناع العقلي بالحجج والبراهين
عدم التركيز على بواطن الأمور وخاصة الأحكام الفقهية مثل حكمة المشروعية....وغيرها	التركيز على بواطن الأمور للأحكام الفقهية مثل حكمة المشروعية وغيرها..

2. ربط دروس الفقه الإسلامي بإيمان المسلم، فدراسة الجوانب الفقهية وما يرتبط بها من أحكام العقيدة ومقتضياتها، والعبادات والمعاملات وغيرهما كلها ترتبط بإيمان المسلم، ومدى تمسكه بالشريعة وأحكامها. فالقرآن الكريم والسنة المطهرة يصفان المؤمن بأنه يقيم الصلاة، ويؤدي الزكاة، ويصوم، ويقوم بالعبادات، قال تعالى :(إِنَّمَا الْمُؤْمِنُونَ الَّذِينَ إِذَا ذُكِرَ اللـهُ وَجِلَتْ قُلُوبُهُمْ وَإِذَا تُلِيَتْ عَلَيْهِمْ آَيَاتُهُ زَادَتْهُمْ إِيمَانًا وَعَلَى رَبِّهِمْ يَتَوَكَّلُونَ (2) الَّذِينَ يُقِيمُونَ الصَّلَاةَ وَمِمَّا رَزَقْنَاهُمْ يُنْفِقُونَ (3) أُولَئِكَ هُمُ الْمُؤْمِنُونَ حَقًّا لَهُمْ دَرَجَاتٌ عِنْدَ رَبِّهِمْ وَمَغْفِرَةٌ وَرِزْقٌ كَرِيمٌ)[1] فلا ينبغي للمعلم عند تناوله قضايا الفقه والأحكام أن يعالجها بعيداً عن المعتقدات الإيمانية، فإن كل مسألة جاء بها الدين- واجبة أو مستحبة أو محرمة أو مكروهة- إنما هي إيمان واعتقاد. فهي لم تكتسب الحكم من الوجوب، أو

(1) سورة الأنفال، آية (2-4)

الندب، أو الحرمة، أو الكراهة، إلا من خلال الوحي المبارك، الذي هو صلة معتقد المسلم، وقاعدة إيمانه ويقينه. فلا بد من الربط الوثيق بين العقيدة والأحكام الفقهية. ومن أهم ثمرات هذا الربط: الوصول بالطلاب إلى مبدأ التسلم لله عز وجل في جميع ما شرع، فهموا الحكمة من التشريع أو لم يفهموها، خاصة في هذا العصر الذي كثر فيه الجدل، والاعتراض على جوانب كثيرة من الأحكام الشرعية[1].

3. التطبيق العملي جانب مهم في دروس الفقه مثل صلاة الجنازة، والكسوف، والحج، والعمرة...

4. للوسائل التعليمية دوراً مهماً في تحقيق أهداف الدروس المختلفة، حيث تختصر الوقت على المعلم، وتقرب المفاهيم إلى أذهان الطلبة، وتساعد على إيصال المعلومة للطلاب بأسرع وقت، وأفضل طريقة، بحيث يضمن المعلم وصول المعلومة لجميع الطلاب مما يسهل عليه الانتقال إلى الفقرة التي بعدها بسهولة ويسر، مثل استخدام لوحات تعليم الصلاة، ومجسمات الحج والعمرة، وإحضار جبيرة، والكفن الخاص بالميت، والأموال التي تجب فيها الزكاة كالأنعام والذهب والفضة.......,غيرها. بالإضافة إلى ذلك فإنه من المفيد جداً أن يحضر المعلم وسائل تعليمية خاصة بالموازين والمكاييل والمسافات التي كانت تستعمل قديماً وما هي بدائلها في وقتنا الحالي.

5. ربط الدرس بواقع الحياة، وخاصة فيما يتعلق بالقضايا الفقهية التي استجدت فيها بعض القضايا المعاصرة مثل الاستنساخ.

6. تجنب البدء بالتعريفات الفقهية، فلا يبدأ بذكر التعريف أولاً؛ لأنه مفهوم تجريدي مستخلص من أمثلة كثيرة، وهي عملية عقلية شاقة، لا يقوى

(1) عدنان حسن باحارث ، 1998، (طرق تدريس مواد التربية الإسلامية) الطبعة الثانية، دار المجتمع للنشر والتوزيع، جدة.

عليها الناشئ، فينبغي البدء بدراسة الأمثلة، والحالات الجزئية في الموضوع المعروض على الطلاب، ثم يقوم المعلم بمناقشة الحالات. وبهذا نربي الملكة الاستنتاجية عند الطلاب[1].

7. تأخير موضوع حكمة المشروعية إلى ما بعد دراسة الموضوع الفقهي المتضمن جملة من الحقائق والمعارف؛ لأن حكمة المشروعية أمر أعمق من دراسة الموضوع نفسه[2].
8. توظيف دروس الفقه في الوقت المناسب لها، بأن يقوم المعلم بتأخير دروس الصيام في شهر رمضان المبارك، ودروس الحج في أيام الحج، وهكذا.

---

(1) ، عبدالله، عبد الرحمن صالح، 2002 (المرجع في تدريس علوم الشريعة).

(2) ، المرجع نفسه .

تطبيق عملي لتحليل محتوى وحدة الفقه الإسلامي وأصوله من كتاب التربية الإسلامية للصف العاشر الأساسي

المادة: التربية الإسلامية

الصف: العاشر الأساسي/ الجزء الثاني/ العام الدراسي 2009

الوحدة	النتاجات العامة	المفردات والتراكيب	المفاهيم والمصطلحات	الأفكار الرئيسة	النشاط		الحقائق	القيم والاتجاهات	الأحكام الشرعية
					البنائي	الختامي			
وحدة الفقه الإسلامي وأصوله	1. يوضح المفاهيم والمصطلحات والمفردات والتراكيب الواردة في وحدة الفقه الإسلامي. 2. يوضح سبب مشروعية الأحكام الواردة في وحدة الفقه وهي: الحوالة، تعدد	تراض منكم المسعر القابض مطل الغني الأنصاب الأزلام رجس البغضاء الميسر حافر نصل لا سبق	الاحتكار التسعير الحوالة القمار العصمة تعدد الزوجات	حرم الإسلام الاحتكار لأن فيه إضراراً بالناس وإساءة لهم دون وجه حق. الاحتكار يكون في مجالين: السلع، والخدمات. يحرم تدخل أي طرف خارجي غير البائع والمشتري في تحديد أسعار السلع	-استنتج مجالات أخرى للاحتكار غير التي وردت في الكتاب واكتبها في دفترك. - ناقش مع زملائك كيف تتم	- ناقش مع زملائك أثر الاعتياد على لعب القمار على حياة الناس، ثم اكتب تقريراً عن ذلك واعرضه في الإذاعة	حرية الفرد في الإسلام ليست حرية مطلقة يفعل في ملكه ما يشاء دون رقيب أو حسيب، وإنما هي مقيدة بما لا يضر بمصالح	- يكره الطالب الاحتكار، لأنه يضر بمصالح الناس. -الحرص على أداء الحقوق اللازمة في ذمة الإنسان إلى أصحابها.	- حرم الإسلام (الاحتكار، والقمار بصوره المختلفة- مثل اليانصيب، ولعب الورق أو الشدة وطاولة الزهر على

	الزوجات، الشرط في عقد الزواج. 3. يستنج سبب تحريم الإسلام لكل من: (القمار، الاحتكار، تسعير السلع والخدمات في الأحوال العادية للدولة) 3. يستخلص الأحكام المختلفة الواردة في وحدة الفقه. 4. يستدل بأدلة شرعية على الموضوعات المقررة. 5. يقبل على تعلم أحكام الفقه	النردشير الباءة وجاء		والخدمات في الظروف العادية. التسعير قد يكون واجباً، أو مباحاً، ومحرماً. الحوالة ثابتة بالقرآن والسنة، ولها عناصر أربعة: المحيل، والمحال، والمحال عليه، والدين المحال. حرم الإسلام القمار واعتبره إثماً ومعصية توجب التوبة وتستحق أمن يكفر عنها قائلها بالصدقة كفارة. من صور القمار: لعب الورق أو الشدة، اليانصيب،	عملية القمار عن طريق الهاتف والمحطات الفضائية. فكّر في الإجراءات التي يمكن اعتمادها لحل المشكلة التي تنشأ فيما لو امتنعت الشركة المنتجة لحليب الأطفال	المدرسية.	الناس. حدد الإسلام العدد، ولم يأمر بتعدد الزوجات. لا يعني أن تكون العصمة بيد المرأة أن الزوج لا يملك حق طلاقها.	المحافظة على الوعد الوفاء به. يبتعد عن كل ما يلهي عن ذكر الـلـه تعالى مثل القمار وغيره. - التمسك بسنة النبي عليه السلام وأقتدي به عملاً وقولاً وسلوكاً. أحرص على تقديم النصح لجميع الناس وعلى قدر استطاعتي.	شرط، والمراهنة) -حرم الإسلام تدخل الدولة في تسعير السلع والخدمات في الظروف العادية. -أباح الإسلام تعدد الزوجات. -حرم الإسلام ظلم الزوجة في حال التعدد. -حرم

	الإسلامي والعمل بها في حياته.			المراهنة. تعدد الزوجات مباح وفق ضوابط محددة، وقد حدد الإسلام العدد ولم يأمر بالتعدد.	عن تزويد السوق بحاجتها بقصد رفع أسعارها.				الإسلام تعدد الزوجات في حالة عدم القدرة المالية أو الجسمية. - حرم الإسلام الجمع بين أكثر من أربع نسوة في العصمة.

خطوات تدريس الفقه الإسلامي:

ما يميز وحدة الفقه الإسلامي عن الوحدات الأخرى كوحدة القرآن الكريم، ووحدة الحديث الشريف، هو الجانب العملي التطبيقي من جهة، حيث يغلب على هذه الوحدة الإكثار من الأمثلة العملية مثل التطبيق العملي لصلاة الجنازة، والكسوف والخسوف، وصلاة الخوف....وغيرها، ومن جهة أخرى ربط دروس الفقه الإسلامي بواقع الحياة مثل إعطاء أمثلة عملية واقعية على عمليات البيع والشراء والاحتكار والزكاة....وغيرها. وهذه الأمور تجعل تدريس دروس الفقه الإسلامي مختلفة عن خطوات تدريس الوحدات الأخرى نوعاً ما.

يتبع المعلم في تدريس الفقه الإسلامي وأصوله الخطوات الآتية:

الرقم	الخطوة أو الطريقة	إجراءات عملية	الزمن	الوسائل المقترحة
1.	التحضير الذهني والتخطيط المسبق، وتحضير الوسائل المناسبة	- التحضير الذهني، والتخطيط الكتابي المتعلق بالأهداف المنوي تحقيقها عند الطلاب، والتفكير في الوسائل المناسبة لتحقيق الأهداف والزمن المناسب لكل هدف.	قبل الدخول إلى الحصة	يمكن استخدام الوسائل الآتية في دروس الفقه: 1. المجسمات مثل الكعبة والطواف. 2.الجبيرة. 3. لباس الكفن. 4. الصور الموجودة في الكتاب المدرسي. 5. صور إثرائية من خارج الكتاب المدرسي. 6. دروس عملية على جهاز الحاسوب.
2	التمهيد أو المقدمة	استخدام إحدى الأساليب التي ذكرناها سابقاً في وحدة القرآن الكريم.	5 دقائق	
3	العرض والشرح (المناقشة والحوار) واستخدام أسلوب تحليل النصوص	عرض الآيات القرآنية ذات العلاقة بموضوع الدرس على لوحة الحائط، ثم قراءتها.	15 دقيقة	

		استخدام أسلوب المناقشة والحوار وطرح الأسئلة، مع توظيف الوسائل المناسبة		
4	التطبيق العملي (المحاكاة)	التطبيق العملي لدروس الفقه، مثل توظيف المصلى والمتوضأ الخاص به لتعليم الطلاب الوضوء والصلاة، أو إحضار جبيرة والتطبيق العملي لكيفية المسح عليها وهكذا.	15 دقيقة	7. الخفين. 8. لوحات الحائط. 9. المصحف وغيرها من الوسائل مثل برامج الفتاوى في التلفاز والإذاعة، والصحف الدينية والرحلات العلمية والزيارات لمواقع العبادات مثل المساجد والأفلام التعليمية.
5	التقويم البنائي	من خلال طرح الأسئلة أولاً بأول، والاستماع إلى آراء الطلبة، أو إعطاء الطلاب نشاطاً صفياً معيناً.		
6	التقويم الختامي	طرح أسئلة، وإخراج عدد من الطلاب لتطبيق أحكام الدرس	5 دقائق	
7	غلق الحصة	حل الأسئلة في آخر الكتاب، وتلخيص أفكار الدرس على السبورة أو بشكل شفهي ودعاء ختم المجلس.	5 دقائق	

ملاحظة مهمة

1. لا يبدأ المعلم في عرض المفهوم العام للدرس مثل الحوالة، أو الشرط، في بداية شرحه للدرس وإنما يقوم بتأخيره إلى آخر الشرح، ويستخدم هنا أسلوب الاستنتاج أو الاستقصاء بحيث يستقصي مع طلبته تعريف المفهوم من خلال شرح الآيات والأحاديث وربطها بواقع الحياة، ليتم التوصل مع طلبته إلى معنى المفهوم.
2. وكذلك يؤخر المعلم حكمة المشروعية إلى آخر وقت عرض الدرس، بحيث يستعمل المعلم أسلوب العصف الذهني، ليتوصل مع طلبته إلى أسباب أو الحكم من تشريع الإسلام لحكم معين كتعدد الزوجات مثلاً.

نموذج تطبيقي في تدريس الفقه الإسلامي

الدرس: الزكاة (1) زكاة الحيوان

المستوى: الصف الثامن الأساسي

النتاجات الخاصة بالدرس

يتوقع من الطالب بعد دراسة درس زكاة الحيوان أن يكون قادراً على ما يأتي:

1. يوضح معنى المفردات والتراكيب الواردة مثل: (الأنعام السائمة، النصاب).
2. يشرح الآيات والأحاديث المتعلقة بزكاة الحيوان والواردة في الدرس.
3. يعدد شروط وجوب زكاة الأنعام.
4. يستخرج نصاب كل من الإبل والبقر والغنم من الأدلة الشرعية الواردة.
5. يعلل سبب اختصاص الأنعام السائمة دون المعلوفة بالزكاة.
6. يبين حكم زكاة الأنعام.

7.

8. يعلل سبب وجوب الزكاة في الأنعام التي يمتلكها صاحبها بقصد العمل كالحراثة والركوب.

9. يحل مسائل على كل من زكاة الإبل والبقر والغنم.

الوسائل المستخدمة في الدرس

1. صورة الكتاب المدرسي.
2. مجسمات للأنعام (الإبل والبقر والغنم)
3. لوحة حائط مكتوب عليها الآيات والأحاديث الواردة، بشرط أن تكون بخط واضح وجميل ومقروء.

خطوات عملية لتدريس درس الزكاة السابق

أولاً: التخطيط الذهني والكتابي للدرس قبل إعطائه للطلبة

من خلال الرجوع إلى كتب الفقه وقراءة ما قاله العلماء في المسألة، وذلك لضمان عدم الاجتهاد في أي مسألة يمكن أن يطرحها الطلاب على المعلم، وهذا أيضاً يساعد في التفكير في أنواع الوسائل التي سيستخدمها المعلم.

ثانياً: التمهيد

يراجع المعلم مع طلبته حديث أركان الإسلام، ويتوقف عند قوله عليه السلام: "وإيتاء الزكاة" ويبين للطلبة أن الزكاة من أركان الإسلام الخمسة، ثم يعرض حديثاً على السبورة ويقرؤه للطلبة.

ثالثاً: العرض

يعرض المعلم الآيات القرآنية والأحاديث النبوية على السبورة، أو يكتبها بخط واضح على السبورة ويقرؤها بصوت واضح، ثم يطلب من عدد من الطلبة قراءتها.

رابعاً: الحوار والمناقشة:

يطلب المعلم من الطلبة إبداء آرائهم حول ما فهموه من الآية الكريمة أو الحديث الشريف، مع تركيزه على كلمات معينة منها، وهكذا يتدرج معهم حتى يتوصل معهم إلى عنوان الدرس.

خامساً: ربط الدرس بواقع الحياة:

من خلال إعطاء أمثلة عملية مرتبطة بالحياة، والطلب من الطلبة التأمل في صور الكتاب، ومناقشتهم بها.

سادساً: التطبيق العملي:

من خلال إعطاء الطلبة أمثلة عملية على كيفية استخراج مقدار الزكاة على كل من البقر والغنم والإبل.

سابعاً: التقويم البنائي

من خلال طرح أسئلة شفهية على الطلبة تتعلق بالدرس، والاستماع إلى إجابات الطلبة عليها.

ثامناً: التقويم الختامي

الطلب من الطلبة محاولة تلخيص أهم أفكار الدرس، وكتابتها على السبورة، وتوجيه أسئلة ختامية لهم.

تاسعاً: غلق الحصة

بحل أسئلة الكتاب، وإعطاء الواجب البيتي، ثم دعاء ختم المجلس.

مثالاً توضيحياً لاستخدام أسلوب تحليل النصوص في دروس الفقه الإسلامي:

النص التوضيحي

شرع الإسلام الأحكام المختلفة لتنظيم حياة الناس في جميع المجالات، حيث دعا الإسلام إلى حماية مصالح الناس، وحرم كل ما يهدد أمنهم وحياتهم من خلال تحريم بعض الطرق التي يلجأ إليها بعض التجار مثل الاحتكار. فالاحتكار هو الامتناع عن بيع السلع والخدمات التي يحتاجها الناس بقصد إغلائها عليهم. وقد قال ﷺ: «**من احتكر فهو خاطئ**»، (صحيح مسلم، كتاب المساقاة، باب تحريم الاحتكار في الأقوات) فكل من يلجأ إلى استخدام مثل هذا النوع فهو آثم كما جاء بنص الحديث السابق، لأنه عاص لله تعالى الذي أمر برعاية مصالح الجماعة والفرد والتعاون بين الناس، والاحتكار فيه استغلال للناس وإساءة إليهم دون وجه حق من خلال التضييق عليهم.

الأسئلة التقويمية

1. ما المقصود بالاحتكار؟
2. استنتج الحكم الشرعي للاحتكار كما ورد في قوله عليه السلام: «**من احتكر فهو خاطئ**». (رواه مسلم).
3. بين الأسباب التي جعلت النبي عليه السلام يصف المحتكر بأنه خاطئ.
4. برأيك: ما الهدف الرئيس الذي يدفع التجار إلى الاحتكار؟
5. ضع عنواناً مناسباً للنص.

أولاً: يوزع المعلم النص كاملاً على كل طالب، ثم يكتب عنوان الدرس على السبورة، ويمهد للدرس بشكل مناسب، ويتبع الخطوات الآتية وهي خطوات تحليل النص:

(1): استخراج الفكرة أو الأفكار الرئيسية من النص: وهي حرم الإسلام الاحتكار لأن فيه استغلالاً للناس وإساءة إليهم دون وجه حق من خلال التضييق عليهم.

(2): المفاهيم والمصطلحات الواردة في النص: مفهوم الاحتكار

(3): استنتاج حكم شرعي من النص: (حرمة الاحتكار، أو المحتكر آثم)

(4): استيعاب الأمثلة: بحيث يطلب المعلم من الطلبة إعطاء أمثلة من واقع الحياة على الاحتكار، مثال: اتفق العاملون في شركات الأدوية على عدم صناعة دواء يحتاجه الناس بقصد رفع أجورهم.

مثال آخر: احتكر تاجر سلعة معينة في وقت يحتاجها الناس إليه بقصد رفع سعرها.

(5): التقويم: بحيث يقوم كل طالب بالإجابة عن الأسئلة بعد كل نص بشكل فردي ثم يناقشهم المعلم بها.

إجابة السؤال الأول: ما المقصود بالاحتكار؟ وهو عبارة عن الامتناع عن بيع السلع والخدمات التي يحتاجها الناس بقصد إغلائها عليهم.

إجابة السؤال الثاني: استنتج الحكم الشرعي من حديث: **"من احتكر فهو خاطئ"**.

حرمة الاحتكار والمحتكر آثم يستحق العقاب من الـلـه يوم القيامة.

إجابة السؤال الثالث: بين الأسباب التي جعلت النبي عليه السلام يصف المحتكر بأنه خاطئ: لأن المحتكر عاص لأمر الـلـه تعالى، بسبب استغلاله للناس والإساءة إليهم.

إجابة السؤال الرابع: الهدف الرئيس الذي يدفع التجار للاحتكار، هو الطمع والرغبة في زيادة الربح، أو استغلال الناس..........

إجابة السؤال الخامس: ضع عنواناً مناسباً للنص

(معنى الاحتكار، أو سبب تحريم الإسلام للاحتكار)

ثانياً: يناقش المعلم الطلاب بإجاباتهم عن كل سؤال بحيث يستمع إليها، وبعدها يقوم بالإجابة النموذجية عنها شفهياً أو بكتابتها على السبورة.

ثالثاً: حل الأنشطة والتدريبات الصفية الواردة، ومناقشة الطلبة بها.

(وحدة مطورة للتعليم من خلال النصوص)
تطبيقاً عملياً لاستخدام استراتيجية تحليل النص في وحدة الفقه
للصف العاشر الأساسي

المقدمة

تتكون وحدة التعليم من خلال النصوص من مادة التربية الإسلامية المقررة على طلبة الصف العاشر الأساسي للعام الدراسي 2008/2007م وموضوعها: الفقه الإسلامي وأصوله.

تشتمل هذه الوحدة على الدروس الآتية: الاحتكار، التسعير، القمار، تعدد الزوجات، الشروط في عقد الزواج. وقد تم تحديد النتاجات التعليمية العامة للوحدة كاملة، ثم النتاجات الخاصة لكل درس منها:

تتألف هذه الوحدة من مواد تعليمية مختلفة، تشتمل على موضوعات فقهية عدة، هذه الموضوعات عبارة عن دروس مستقلة، كل درس منها مكون من عدد من النصوص التي تتميز بالوضوح، وقصر العبارات، وسهولة الألفاظ، وخلوها من الصعوبات، مما يساعد الطالب على سهولة التفاعل معها، وبالتالي سهولة الفهم والاستنتاج والتحليل. يتبع كل نص منها عدد محدد من الأسئلة التقويمية يجيب عليها الطالب من النص نفسه، من خلال القراءة والتحليل والتفسير والاستنتاج، وفي نهاية كل نص عدد من التدريبات والأنشطة تساعد الطالب على تحقيق الأهداف المرجوة من الدرس.

النتاجات العامة للوحدة:

يتوقع من الطالب بعد دراسة هذا الوحدة أن يحقق النتاجات الآتية:

1. يوضح مفهوم كل من: الاحتكار، التسعير، الحوالة، القمار، العصمة، تعدد الزوجات.

2. يستخلص أحكام كل من: الاحتكار، التسعير، الحوالة، القمار، العصمة، تعدد الزوجات.
3. يفرق بين كل من: الاحتكار، التسعير، الحوالة، القمار، العصمة، تعدد الزوجات.
4. يبين حكم كل من الشروط الآتية في عقد الزواج:
   - العصمة بيد المرأة.
   - عدم الزواج بزوجة أخرى ما دامت الزوجة الأولى في العصمة.
   - عمل المرأة بعد الزواج.
5. يستدل بأدلة شرعية على القضايا المختلفة.
6. يستقصي مبررات تعدد الزوجات.
7. يعرض عن القمار.
8. يقبل على تعلم أحكام الفقه الإسلامي والعمل بها في حياته.

الدرس الأول

الاحتكار

يتوقع من الطالب بعد الانتهاء من الدرس واستيعاب نصوصه والتفاعل معها والقيام بالأنشطة والتدريبات أن تصبح قادراً على أن:

1. تبين معنى المفاهيم الآتية: الاحتكام، الادخار.
2. تحديد مجالات الاحتكار المختلفة.
3. تقارن بين الادخار والاحتكار.
4. تبين حكم الاحتكار في الشريعة الإسلامية.
5. توضح مخاطر الاحتكار على المجتمع.

النص الأول

شرع الإسلام الأحكام المختلفة لتنظيم حياة الناس في جميع المجالات، حيث دعا الإسلام إلى حماية مصالح الناس، وحرم كل ما يهدد أمنهم وحياتهم من خلال تحريم بعض الطرق التي يلجأ إليها بعض التجار مثل الاحتكار. فالاحتكار هو عبارة عن الامتناع عن بيع السلع والخدمات التي يحتاجها الناس بقصد إغلائها عليهم. وقد قال صلى الله عليه وسلم: **"من احتكر فهو خاطئ"**(صحيح مسلم، كتاب المساقاة، باب تحريم الاحتكار في الأقوات)، فكل من يلجأ إلى استخدام مثل هذا النوع فهو آثم كما جاء بنص الحديث السابق، لأنه عاص لله تعالى الذي أمر برعاية مصالح الجماعة والفرد والتعاون بين الناس، والاحتكار فيه استغلال للناس وإساءة إليهم دون وجه حق من خلال التضييق عليهم.

الأسئلة التقويمية:

1. ما المقصود بالاحتكار؟
2. استنتج الحكم الشرعي للاحتكار كما ورد في قوله عليه السلام: **"من احتكر فهو خاطئ"**.
(رواه مسلم، كتاب المساقاة، باب تحريم الاحتكار في الأقوات).
3. بين الأسباب التي جعلت النبي عليه السلام يصف المحتكر بأنه خاطئ.
4. برأيك: ما الهدف الرئيس الذي يدفع التجار إلى الاحتكار؟
5. ضع عنواناً مناسباً للنص.

النص الثاني

امتنعت شركة من الشركات الكبرى عن إنتاج سلعة معينة ومنها الدواء بقصد رفع سعرها، وكذلك امتنع العاملون أعمال البناء عن بذل خدماتهم للناس بقصد رفع أجورهم. وقد ترتب على الأمر أن تعرضت مصالح العباد للخطر؛ حيث أدى ذلك إلى تحكم هؤلاء النفر في مصالح الناس وفي مقدراتهم، وكذلك زرع البغضاء والأحقاد بينهم وبين من يحتاجون إلى مثل هذه السلع والخدمات، فضلاً عن تعرض هؤلاء المحتكرين لسخط اللـه تعالى باستخدام نعم اللـه تعالى عليهم في استغلال حاجات الناس وإيذاء عباده. وأما الاقتصاد الوطني فإنه يتعرض إلى ضرر بالغ بزيادة النفقات ونقص الادخار والاستثمار.

الأسئلة التقويمية:

1. من خلال النص السابق أجب عما يأتي:
   - بيّن مجالات الاحتكار المختلفة، مع ذكر مثال على كل مجال منها.
   - وضح مخاطر الاحتكار على كل من المجتمع، والمحتكر.
   - ما الحكمة من تحريم الإسلام للاحتكار؟
2. ضع عنواناً مناسباً للنص.

النص الثالث

في الوقت الذي نهى الإسلام فيه عن الشح والبخل في مواضع كثيرة من كتاب الـلـه تعالى وسنة نبيه عليه السلام، فإنه حذر المسلمين من الإسراف والتبذير حيث عد صاحبهما آثماً يستحق العقاب من الـلـه تعالى. قال تعالى : (وَلَا تَجْعَلْ يَدَكَ مَغْلُولَةً إِلَى عُنُقِكَ وَلَا تَبْسُطْهَا كُلَّ الْبَسْطِ فَتَقْعُدَ مَلُومًا مَحْسُورًا) [الإسراء: 29] وقال تعالى : (إِنَّ الْمُبَذِّرِينَ كَانُوا إِخْوَانَ الشَّيَاطِينِ وَكَانَ الشَّيْطَانُ لِرَبِّهِ كَفُورًا) [الإسراء: 27]. وأيضاً أباح الإسلام للمسلمين الاحتفاظ بالزائد عن الحاجة الحاضرة إلى المستقبل، لأن الإنسان قد تواجهه حاجات مستقبلية يحتاج فيها لما يدخره، حيث قال عليه السلام في الأضاحي: "فكلوا وتصدقوا وادخروا" (صحيح مسلم).

الأسئلة التقويمية:

1. ما الفرق بين الادخار والاحتكار؟
2. كيف توفق بين قوله تعالى: (إِنَّ الْمُبَذِّرِينَ كَانُوا إِخْوَانَ الشَّيَاطِينِ) [الإسراء: 27] وبين قوله تعالى: (وَلَا تَجْعَلْ يَدَكَ مَغْلُولَةً إِلَى عُنُقِكَ) [الإسراء: 29]؟
3. ما الحكم الشرعي لكل مما يلي: (الإسراف والتبذير، الشح والبخل، ادخار المسلم بعض السلع الزائدة عن حاجته للمستقبل)؟
4. بماذا وصف النبي عليه السلام المبذرين؟ ولماذا؟
5. ضع عنواناً مناسباً للنص.

النص الرابع

الإسلام يحارب الاحتكار، ويعمل على إقامة العدل ونشر الأمن والمحبة بين الناس جميعاً، لذلك شرع أحكاماً مختلفة للاحتكار؛ منها **أحكام وقائية** كأن تعمل الدولة على محاربة الاحتكار بزيادة أعداد المنتجين والمستوردين والموزعين، وبتدريب عدد أكبر من الناس على الحرف والمهن التي يحتاجها الناس. **وأخرى إلزامية علاجية:** فلو امتنع التجار عن عرض السلع في الأسواق وبيعها للناس وجب على ولي الأمر أن يجبرهم على عرضها وبيعها، ولو اتفق عدد من أصحاب الحرف والمهن التي يحتاجها الناس على عدم العمل بهدف رفع الأجور كان لولي الأمر إلزامهم على العمل بأجور عادلة، وإذا خفض التجار الكبار أسعار منتجاتهم بقصد الإضرار بالتجار الصغار وإخراجهم من السوق، كان لولي الأمر إلزامهم ببيعها بالسعر العادل.

الأسئلة التقويمية:

1. شرع الإسلام أحكاماً مختلفة لمنع الاحتكار، منها أحكام وقائية، وأخرى علاجية، وضح ذلك مع ذكر مثال لكل منها:

2. بيّن الحكم الشرعي لكل مما يلي:
   1. اتفق عدد من التجار على وقف بيع الأرز للناس فترة من الزمن بقصد رفع سعره.
   2. امتنع عمال البناء عن العمل بهدف رفع أجورهم.
   3. اتفق تجار كبار على خفض أسعار الألبان بشكل كبير، بهدف الإضرار بالمنتجين الآخرين والتخلص منهم في السوق.
   4. استنتج أحكاماً وقائية أخرى غير التي ذكرت في النص السابق.

3. ضع عنواناً مناسباً للنص.

التدريبات

التدريب (1)

ورد مفهوم الاحتكار في نصوص الدرس مكرراً، فما المقصود به؟

التدريب (2)

لخص بلغتك الخاصة أثار الاحتكار على المجتمع المسلم.

التدريب (3)

استنتج مخاطر أخرى للاحتكار غير التي ذكرت في الكتاب.

التدريب (4)

ضع إشارة (√) أمام العبارة الصحيحة، وإشارة (×) أمام العبارة الخطأ فيما يأتي:

1. الاحتكار يضر بمصالح العباد ويسئ إليهم دون وجه حق ( )
2. من الأفضل للإنسان أن يحتفظ ببعض السلع للمستقبل ( )
3. امتناع التجار عن بيع بضاعة معينة يترتب عليه زيادة أسعارها ( )

الدرس الثاني

التسعير

يتوقع منك عزيزي الطالب بعد الانتهاء من الدرس واستيعاب نصوصه والتفاعل معها والقيام بالأنشطة والتدريبات أن تصبح قادراً على أن:

1. تبين معنى مفهوم التسعير.
2. تبين حكم التسعير؟
3. توضح الحكمة من منع التسعير في الظروف العادية.
4. تحدد نوع السلع والخدمات التي تقوم الدولة بالتدخل في تحديد سعرها.

النص الأول

يلاحظ أن أسعار بعض السلع واحدة في أكثر من مكان، والبعض الآخر يختلف سعره من مكان لآخر. فمن الذي يحدد السعر لبعض السلع في جميع الأماكن؟ وما هو تحديد السلع أو التسعير؟

التسعير: هو عبارة عن تحديد أسعار السلع والخدمات التي يرغب الناس في شرائها والحصول عليها من قبل هيئة رسمية متخصصة.

الأسئلة التقويمية:

1. عرف التسعير.
2. من الذي يقوم بتسعير أسعار السلع والخدمات؟
3. ضع عنواناً مناسباً للنص.

النص الثاني

أحوال وظروف الناس في الدولة نوعان؛ أحوال وظروف عادية: بمعنى لا يكون فيها احتكار ولا استغلال لحاجات الناس. وهنا يحدد أسعار السلع البائع والمشتري فقط وهما أطراف العقد، ولا يحل تدخل طرف خارجي غيرهما. ومما يدل على ذلك قول النبي ﷺ عندما سأله الناس بأن يسعر لهم عندما غلا السعر: "**إن الله هو المسعر القابض الباسط الرازق، وإني لأرجو أن ألقى الله ليس أحد يطالبني بمظلمة دم ولا مال**". (سنن أبي داود، كتاب البيوع، باب في التسعير) يلاحظ من هذا الحديث أن أحوال الناس وظروفهم كانت عادية ليس فيها استغلال ولا احتكار، وهنا يحرم التسعير ويمكن أن يوقع ظلماً على طرف ما، لكن يحق للدولة إلزام الشركات بالإعلان عن أسعارها للناس في هذه الحالة.

والحالة الأخرى هي الأحوال والظروف غير العادية مثل (وقوع كوارث طبيعية كالفيضانات وغيرها، أو وقع حرب أو حصار اقتصادي. فيجب التسعير في هذه الحالة إذا كانت مصلحة الأمة مهددة، كتواطؤ التجار الكبار للإضرار بالتجار الصغار، وكذلك إذا تحكمت فئة قليلة بإنتاج السلع وتوفير الخدمات التي يحتاجها الناس بقصد التحكم في الأسعار وزيادة الأرباح.

الأسئلة التقويمية

1. أحوال الناس وظروفهم نوعان، بينهما.
2. صحح الخطأ الوارد في كل عبارة من العبارة الآتية مع بيان السبب:

- قامت الدولة بالتدخل في تحديد أسعار بعض السلع في الظروف العادية.
- وقعت حرب في إحدى الدول وقام الناس باحتكار بعض السلع بقصد رفع سعرها ولم تتدخل الدولة بذلك نهائياً.

- أطراف العقد في التسعير هما البائع والمشتري والدولة في الظروف العادية.

3. علل: وصف النبي عليه السلام التسعير في الظروف العادية بأنه ظلم.

4. أكمل الفراغ بالجملة المناسبة: يكون التسعير واجباً في............ويكون حراماً عندما...

5. وضح الحالة التي تلزم الدولة فيها التجار بالإعلان عن أسعار السلع للناس.

6. برأيك: من الذي يظلم عندما تتدخل الدولة في التسعير، البائع أم المشتري، ولماذا؟

7. ضع عنواناً مناسبا للنص.

النص الثالث

قال الإمام الشوكاني رحمه اللـه: "إن الناس مسلطون على أموالهم والتسعير حجر عليهم، والإمام مأمور برعاية مصلحة المسلمين وليس نظره في مصلحة المشتري برخص الثمن أولى من نظره في مصلحة البائع بتوفير الثمن، وإذا تقابل الأمران وجب تمكين الفريقين من الاجتهاد لأنفسهم وإلزام صاحب السعلة أن يبيع بما لا يرضى به مناف (فقه السنة، ص174) لقوله تعالى: (يَا أَيُّهَا الَّذِينَ آَمَنُوا لَا تَأْكُلُوا أَمْوَالَكُمْ بَيْنَكُمْ بِالْبَاطِلِ إِلَّا أَنْ تَكُونَ تِجَارَةً عَنْ تَرَاضٍ مِنْكُمْ وَلَا تَقْتُلُوا أَنْفُسَكُمْ إِنَّ اللـهَ كَانَ بِكُمْ رَحِيمًا) [النساء: 29].

نستنتج من النص السابق إن الإمام يجب أن لا يتدخل في تحديد السلع في الظروف العادية، وإنما يترك ذلك للبائع والمشتري لما قد يترتب على هذا التدخل من آثار سلبية كثيرة، منها: أن التدخل يؤدي إلى أكل أموال الناس بالباطل سواء كان ذلك من المشتري أو من البائع لأن في التسعير إجباراً لهما أو لأحدهما. ثم إن التسعير يضعف الرغبة في توفير السلع وتأمين الخدمات للناس، لأن تحديد سعر

السلعة قد يضر بالتاجر، وبالتالي يترك الاتجار بهذه السلعة ويتجه إلى أخرى لا تحدد الدولة سعرها، وبالتالي نقص عرض السلعة في الأسواق، الأمر الذي يلحق الضرر بالاقتصاد بصورة عامة في الدولة فتظهر السوق السوداء أو ما تسمى غير الرسمية. وليس ذلك فحسب بل قد يلحق الضرر بأحد طرفي العقد-البائع أو المشتري- لأنه بتحديد السعلة ينتفع أحد الأطراف ويتضرر الآخر. وأخيراً تتعطل مصالح العباد، عن طريق إعراض المنتج عن عرض السلعة في السوق أو التوقف عن إنتاجها لأن السعر لا يناسبه ولا يؤمن له التكلفة ولا يلبي حاجاته، وحتى المستهلك إذا وجد أن سعر السلعة مرتفع فإنه سيتجه إلى سلعة أخرى أو يعرض عن شرائها مما يؤدي إلى خلل اقتصادي في الدخل والإنتاج.

الأسئلة التقويمية

1. اذكر ثلاثاً من الآثار السلبية لتدخل الدولة في تحديد أسعار السلع والمنتوجات.
2. علل ما يلي:
   - لم يبح الإمام الشوكاني تدخل الدولة في تسعير السلع والخدمات.
   - تدخل الدولة في تحديد أسعار السلع يعطل مصالح العباد.
   - تدخل الدولة في تحديد أسعار السلع فيه ظلم وتحيز للبائع أو المشتري.
   - تدخل الدولة في تحديد أسعار السلع يؤدي إلى أكل أموال الناس بالباطل.
   - تدخل الدولة في تحديد أسعار السلع يضعف الرغبة في توفير السلع وتأمين الخدمات للناس.
3. ما المقصود بالسوق السوداء؟ وما الظروف التي تساعد على ظهوره؟
4. تحديد سعر السلع يؤثر سلباً على الاقتصاد الوطني. ناقش ذلك.
5. ضع عنواناً مناسبا للنص.

التدريب (1)

هات مثالاً واحداً على كل مما يأتي: التسعير المباح، التسعير الواجب، التسعير الحرام.

التدريب (2)

اكتب في الجدول الآتي (من خلال العمل في مجموعات مع زملائك) أمثلة للحالات والظروف العادية في الدولة والتي لا تتدخل بتحديد أسعار السلع، وأخرى للظروف غير العادية أو الطارئة والتي تتدخل فيها الدولة بتحديد أسعار السلع:

ظروف عادية في الدولة لا تسعر السلع والخدمات لأجلها	ظروف غير عادية في الدولة أو طارئة يلجأ لأجلها إلى التسعير
- - - -	- - - -

التدريب (3)

ضع إشارة (√) أمام العبارة الصحيحة، وإشارة (×) أمام العبارة الخطأ فيما يأتي:

1. تدخل الدولة في تسعير السلع في الظروف العادية ظلم للبائع أو المشتري (   )
2. تدخل الدولة في تحديد أسعار بعض السلع فيه ظلم للبائع أو المشتري (   )
3. التسعير في الأحوال العادية يؤدي إلى أكل أموال الناس بالباطل سواء كان ذلك من المشتري أو البائع. (   )

نشاط بيتي

ارجع إلى أحد التفاسير، واستنتج من الآية الكريمة الآتية أثراً سلبياً واحداً من تدخل الدولة في التسعير في الأحوال العادية.

(يَا أَيُّهَا الَّذِينَ آمَنُوا لَا تَأْكُلُوا أَمْوَالَكُمْ بَيْنَكُمْ بِالْبَاطِلِ إِلَّا أَنْ تَكُونَ تِجَارَةً عَنْ تَرَاضٍ مِنْكُمْ وَلَا تَقْتُلُوا أَنْفُسَكُمْ إِنَّ اللَّهَ كَانَ بِكُمْ رَحِيمًا) [النساء: 29]

نشاط صفي

(البائع، المشتري، التسعير، الأحوال والظروف الطارئة، البيع، الديْن) قم باستبعاد الكلمة غير المناسبة من بين الكلمات السابقة، ثم كتابة جملة مناسبة.

الدرس الثالث

الحوالة

يتوقع منك عزيزي الطالب بعد الانتهاء من الدرس واستيعاب نصوصه والتفاعل معها والقيام بالأنشطة والتدريبات أن تصبح قادراً على أن:

1. تبين معنى المفاهيم الآتية: الحَوالة، المحيل، المحال.
2. تستنتج عناصر الحوالة.
3. تبين الفرق بين الحوالة والتحويل المالي.
4. توضح الحكمة من مشروعية الحوالة.
5. تستدل على مشروعية الحوالة من القرآن الكريم والسنة النبوية الشريفة.

النص الأول

اقترض علي من حسن عشرين ديناراً، على أن يردها له بعد شهرين، وبعد مضي المدة المحددة بينهما للسداد اعتذر علي من محمد بسبب عدم توفر المبلغ معه، لكنه أحاله إلى أخيه عمر ليدفع عنه الدين، فذهب حسن وقبض المبلغ من عمر.

نلاحظ من النص السابق أن علياً قد أحال الدين الذي في ذمته إلى أخيه عمر لعجز علي عن سداده، وهذا العمل يسمى الحوالة.

ومن هنا نستطيع أن نعرف الحوالة بأنها عبارة عن عقد يتم بموجبه نقل الدين من ذمة طرف (المحيل) إلى ذمة طرف آخر (المحال إليه). وهي مأخوذة من التحويل بمعنى الانتقال.

الأسئلة التقويمية

1. عرف الحوالة اصطلاحاً.

2. استنتج من المثال السابق عناصر الحوالة.
3. استنتج من النص السابق سبباً من أسباب شرع الإسلام للحوالة.
4. ضع عنواناً مناسباً للنص السابق.

النص الثاني

قال ﷺ: «مطل الغني ظلم، وإذا أُتبع أحدكم على ملئ فليتبع». (صحيح البحاري، كتاب الحوالة، باب الحوالة وهل يرجع في الحوالة)

ففي هذا الحديث السابق أمر رسول الـلـه ﷺ الدائن إذا أحاله المدين على غني ملئ قادر أن يقبل الإحالة، وأن يتبع الذي أحيل عليه بالمطالبة حتى يستوفي حقه، وهذا يدل على حرص الإسلام على أداء الحقوق للآخرين، حيث عد المماطلة في سداد الدين مع القدرة على ذلك ظلم، كما قال عليه السلام: «مطل الغني ظلم». أما إذا عجز الإنسان عن سداد الدين فإنه يجوز لغيره أن يؤديها عنه بشرط أن يكون قادراً مالياً، وبهذا يصل الحق لأصحابه بغض النظر عن شخصية الدافع وهذا ما قصد به عليه السلام: «وإذا أُتبع أحدكم إلى ملئ فليتبع».

الأسئلة التقويمية:

1. اذكر دليلاً شرعياً على مشروعية الحوالة.
2. عد النبي ﷺ المماطل في سداد الدين ظالم إذا توافر شرط واحد وهو.......................
3. فسر المقصود بقوله عليه السلام: "مطل الغني ظلم".
4. ما معنى قوله عليه السلام: "وإذا أَتبع أحدكم على ملئ فليتبع"؟
5. ضع عنواناً مناسباً للنص السابق

النص الثالث

سافر محمد إلى ألمانيا بقصد العمل، وعند وصوله أرسل إلى شريكه بأنه بحاجة إلى بعض المال، فذهب شريكه إلى المصرف أو (البنك) وقام بتحويل بعض الأموال إليه.

من خلال فهمك للمثال السابق، بالإضافة إلى المثال الذي في مفهوم الحوالة. أجب عن الأسئلة الآتية:

1. ماذا يسمى هذا العمل الذي قام به شريك محمد؟
2. اكتب عناصر هذا العمل:..

....

3. ما الفرق بين الحوالة الواردة في النص الأول وبين هذا العمل؟

النص الرابع

يحرص الإسلام على أن تبقى ذمة المسلم خالية من أي دين لآخر، فإذا عجز المسلم عن سداد هذا الدين، فأنه يجوز له أن يحيل هذا الدين لمن هو قادر على سداده. لأن تأخر المدين عن أداء الدين يؤدي إلى: إضرار بمصلحة الدائن، ومنافاة للوفاء بالوعود.

الأسئلة التقويمية:

- اذكر حكمتين من الحكم التي شرع لأجلها الإسلام الحوالة.

النص الخامس

أحال محمد ديناً عليه إلى أخيه عمر، وكان عمر مقتدراً ماليا، ولكنه لم يوافق على سداد الدين ورفض ذلك. فهل يجبر الإسلام عمر في هذه الحالة على سداد الدين كونه قادراً على سداده؟

نستطيع الإجابة عن هذا السؤال من خلال معرفة أن الإسلام لم يترك الحوالة بدون ضوابط أو أحكام، وإنما وضع لها شروطاً مختلفة، حتى لا يقع الناس في خلافات وأحقاد، ومن هذه الأحكام: - أن تكون الحوالة مالاً معروفاً محدداً كالذهب والفضة والعملات النقدية والأموال المتماثلة، بحيث تكون وحداتها متقاربة كالتمر والقمح والشعير والأرز وغيرها.

- أن يكون الدين لازماً مستقراً في ذمة المحيل كالقروض والأجرة. ويجب اتحاد جنس الدين المحال مع المال الذي يدفع للدائن "المحال" دينار أردني بدينار أردني، فإن اختلفا صار عقدين: حوالة وصرف.

- يشترط المماثلة في أجل الدينين إذا أحال المدين "المحيل" الدين الذي في ذمته على طرف مدين له.

- ما يتعلق بالرضا؛ فإنه يشترط رضا الدائن (المحال) صراحة أو دلالة، لأن الناس متفاوتون في أداء الحقوق والوفاء بالوعود. وإذا أحيل "الدائن" على طرف غني معروف بالوفاء ورضي بذلك؛ فإن ذمة المدين "المحيل" تبرأ من الدين وليس للدائن حق الرجوع إليه.

الأسئلة التقويمية:

1. هل يجبر الإسلام عمر على دفع الدين الذي أحيل من قبل علي؟ ولماذا؟
2. أعط مثالاً لكل شرط من شروط الحوالة الآتية:

- أن تكون الحوالة مالاً معروفاً محددا..........................
- أن يكون الدين لازماً مستقراً في ذمة المحيل........................
- اتحاد جنس الدين المحال مع المال الذي يدفع للدائن.............

3. بيّن كيف يمكن معرفة رضا الدائن "المحال" فيما يتعلق بالحوالة.
4. ضع عنواناً مناسباً للنص السابق.

تدريب

أعط مثالاً آخر على الحوالة مع ذكر عناصرها من خلال المثال.

الدرس الرابع

القمار

يتوقع منك عزيزي الطالب بعد الانتهاء من الدرس واستيعاب نصوصه والتفاعل معها والقيام بالأنشطة والتدريبات أن تصبح قادراً على أن:

1. تبين معنى المفاهيم الآتية: القمار، الرهان.
2. تعدد ثلاثاً من صور القمار.
3. توضح الحكمة من تحريم الإسلام للقمار.
4. تستدل على حرمة القمار من القرآن والسنة الشريفة.
5. تبين الحالات الجائزة (غير المحرمة) من الرهان.

النص الأول

قال تعالى :(يَا أَيُّهَا الَّذِينَ آَمَنُوا إِنَّمَا الْخَمْرُ وَالْمَيْسِرُ وَالْأَنْصَابُ وَالْأَزْلَامُ رِجْسٌ مِنْ عَمَلِ الشَّيْطَانِ فَاجْتَنِبُوهُ لَعَلَّكُمْ تُفْلِحُونَ) [المائدة: 90]

وقال عليه السلام:"من حلف منكم فقال في حلفه: باللات، فليقل: لا إله إلا الـلـه، ومن قال لصاحبه: "تعال أقامرك فليتصدق بشئ". (رواه مسلم، كتاب الإيمان، باب من قال باللات والعزى).

من خلال النصوص السابقة نلاحظ أن الـلـه تعالى قد أمر المؤمنين باجتناب بعض الأفعال، ومنها الدعوة إلى المقامرة، حيث عدها الـلـه تعالى ونبيه عليه السلام إثماً ومعصية توجب التوبة والكفارة، فكيف بمن يقامر؟ فإذا كان الذي يتحمل الشرط شخص غير المتقامرين مثل الدولة أو شخص ثالث فلا يعتبر قماراً.

فمن هنا نستنتج أن القمار أو الميسر هو اتفاق بين طرفين على القيام بألعاب أو أعمال فيها غالب ومغلوب، ويشترط فيه أن يدفع المغلوب شيئاً من المال للغالب أو لغيره.

الأسئلة التقويمية:

1. ما معنى ما تحته خط في النص السابق.
2. فسر معنى قوله عليه السلام: **"من قال لصاحبه تعالى أقامرك فليتصدق بشئ"**.
3. استنتج من الفقرة الثانية الشرط المعتبر شرعاً حتى يعتبر القمار قماراً محرماً.
4. أعط دليلاً شرعياً يدل على حرمة الميسر.
5. ضع عنواناً مناسباً للنص السابق.

النص الثاني

حرم اللـه القمار لحكم كثيرة أشارت إليها الآيات الكريمة الآتيـة: قال تعالى :(يَا أَيُّهَا
الَّذِينَ آمَنُوا إِنَّمَا الْخَمْرُ وَالْمَيْسِرُ وَالْأَنْصَابُ وَالْأَزْلَامُ رِجْسٌ مِنْ عَمَلِ الشَّيْطَانِ فَاجْتَنِبُوهُ لَعَلَّكُمْ تُفْلِحُونَ (90)
إِنَّمَا يُرِيدُ الشَّيْطَانُ أَنْ يُوقِعَ بَيْنَكُمُ الْعَدَاوَةَ وَالْبَغْضَاءَ فِي الْخَمْرِ وَالْمَيْسِرِ وَيَصُدَّكُمْ عَنْ ذِكْرِ اللـهِ وَعَنِ
الصَّلَاةِ فَهَلْ أَنْتُمْ مُنْتَهُونَ) [المائدة: 90- 91]

الأسئلة التقويمية:

1. استنتج من الآيات السابقة الحكمة من تحريم الإسلام للقمار.
2. القمار يورث الكسل عند المتقامرين. وضح ذلك.

3. بماذا وصف الـلـه تعالى الخمر والميسر كما ورد في الآيات الكريمة؟
4. ضع عنواناً مناسباً للنص السابق.

النص الثالث

للقمار صور كثيرة؛ منها لعب الورق "الشدة" أو بما يسمى طاولة الزهر على شرط، ويقصد بالشرط: اشتراط أن يدفع الخاسر للفائز مبلغاً من المال، أو أن يتحمل كلفة اللعب. فقد قال عليه السلام: **"من لعب النردشير فكأنما صبغ يده في لحم خنزير ودمه"** (صحيح مسلم، كتاب الشعر، باب تحريم اللعب بالنردشير).

والصورة الثانية هي اليانصيب؛ وهي عبارة عن أوراق متسلسلة، تباع بأسعار زهيدة، بحيث يحق لكل ورقة أن تشارك في عملية السحب لاختيار الأوراق الفائزة، وهذا اليانصيب أصله حرام حتى لو جمع للخير، خاصة وأن الدافع من بيعه هو للربح وليس للخير.

والصورة الثالثة هي المراهنة، وهي التي تجري بين طرفين بحيث يدفع أحدهما للآخر مبلغاً من المال أو أي شئ آخر لقاء شرط معين، كأن يفوز فريق معين على آخر وغيره.

الأسئلة التقويمية:

1. عدد بعضاً من صور القمار.
2. ماذا تفهم من ربط النبي عليه السلام اللعب بالنرد بمن صبغ يده في لحم خنزير؟
3. عرف كلاً مما يلي: اليانصيب، الرهان.

4. هناك من قال بأن شراء اليانصيب ليس فيه محظور شرعي، خاصة وأن ريعه للأعمال الخيرية، ما رأيك في هذا الرأي؟
5. أعط مثالاً واقعياً على الرهان.
6. ضع عنواناً مناسباً للنص السابق.

النص الرابع

أقامت إحدى الجامعات مسابقة لطلبة السنة الأولى في لعبة الجري السريع، وأخرى رمي الرمح، لقاء جوائز تبرعت بها الدولة وهيئة خيرية خارج الجامعة. وقد وضعت الجامعة حديث النبي صلى الله عليه وسلم شعاراً لهذه المسابقات الذي يقول فيه: "لا سبق إلا في خف أو حافر أو نصل" (سنن أبي داود، كتاب الجهاد، باب في السبق)، والخف بمعنى البعير، والحافر بمعنى الخيل، والنصل بمعنى السلاح من سيف أو رمح وهذه كانت كلها وسائل القتال المشروعة في زمانهم. وللأسف أقامت الجامعة في السنة الثانية مسابقة للغناء العربي (لأفضل أغنية) وكان من شروط الاشتراك في المسابقة أن يدفع الخاسر مبلغاً للفائز الأول مقداره ألف دينار أردني.

الأسئلة التقويمية:

من خلال النص السابق أجب عما يلي:

1. بيّن الحالتين الجائزتين (غير محرمتين) للقمار والرهان.
2. وضح معنى ما تحته خط في النص السابق.
3. عدد ثلاثاً من وسائل القتال المشهورة في زماننا هذا.
4. ما رأيك فيمن أراد إجراء مسابقة للغناء العربي بين عدد من المتنافسين، علماً بأن الجائزة تبرع بها أحد الأغنياء ممن ليس علاقة بهذه المسابقة.

5. استنتج حالة واحدة لمسابقة محرمة قامت بها الجامعة مع بيان السبب لتحريمها.
6. ضع عنواناً مناسباً للنص السابق.

التدريب: (1)

- ارجع إلى أحد التفاسير واكتب سبب التعبير بكلمة (فاجتنبوه) دون غيرها من الكلمات.
- استخرج من أحد التفاسير معنى المفردات الآتية: (الأنصاب، الأزلام).

التدريب (2)

استنتج أسباباً أخرى دفعت الإسلام إلى تحريم القمار.

التدريب (3)

استنتج سبب ربط النبي ﷺ بين الحلف باللات والقمار في الحديث: "من حلف فقال في حلفه: باللات، فليقل لا إله إلا الـلـه، ومن قال لصاحبه تعالى أقامرك فليتصدق بشئ". (رواه مسلم، كتاب الإيمان، باب من قال باللات والعزى).

الدرس الخامس

تعدد الزوجات

يتوقع منك عزيزي الطالب بعد الانتهاء من الدرس واستيعاب نصوصه والتفاعل معها والقيام بالأنشطة والتدريبات أن تصبح قادراً على:

1. تبين معنى مفهوم تعدد الزوجات.
2. تعدد ثلاثاً من ضوابط الشرع لتعدد الزوجات.
3. توضح الحكمة من تحريم الإسلام للقمار.
4. تستدل على إباحة تعدد الزوجات من الكتاب والسنة.
5. تبين الحالات التي تدعو لتعدد الزوجات في الإسلام.

النص الأول

- قال تعالى :(وَإِنْ خِفْتُمْ أَلَّا تُقْسِطُوا فِي الْيَتَامَى فَانْكِحُوا مَا طَابَ لَكُمْ مِنَ النِّسَاءِ مَثْنَى وَثُلَاثَ وَرُبَاعَ فَإِنْ خِفْتُمْ أَلَّا تَعْدِلُوا فَوَاحِدَةً أَوْ مَا مَلَكَتْ أَيْمَانُكُمْ ذَلِكَ أَدْنَى أَلَّا تَعُولُوا) [النساء: 3]، نستدل من الآية السابقة بأن الله تعالى أباح للمسلم الزواج بأكثر من زوجة، وهذا ما أقرّه النبي ﷺ بتزويج عدد من الصحابة لأكثر من زوجة. وهذا ما يعرف شرعاً بتعدد الزوجات، وهو عبارة عن الجمع بين أكثر من زوجة بما لا يزيد عن أربع زوجات في وقت واحد.

الأسئلة التقويمية:

1. وضح معنى تعدد الزوجات.

2. ما الحكم الشرعي لتعدد الزوجات.
3. أعط دليلاً شرعياً على جواز تعدد الزوجات.
4. كيف تستنتج مشروعية تعدد الزوجات من السنة النبوية المطهرة؟
5. ضع عنواناً مناسباً للنص السابق.

النص الثاني

قرأ محمد في بعض الكتب أن المستشرقين استدلوا بقوله تعالى: (مَثْنَى وَثُلَاثَ وَرُبَاعَ) [النساء: 3] أن الإسلام شرع للمسلم الزواج بتسع نساء. مما دفع محمد إلى البحث في هذه القضية، فوجد أن الإسلام جاء إلى مجتمع كان يؤمن بالتعدد أصلاً، دون ضوابط أو قيود، مما دعاه إلى عدم الأمر به وعدم إنكاره، بل لا بد من وضع الضوابط التي تعمل على تهذيبه، فعن عبد اللـه بن عمر أن غيلان بن سلمة الثقفي أسلم وله عشر نسوة في الجاهلية، فأسلمن معه، فأمره النبي عليه السلام أن يتخير أربعاً منهن. (سنن الترمذي، كتاب الطلاق، باب ما جاء في الرجل يسلم وعنده عشر نسوة)، وقال وهب الأسدي: أسلمت وعندي ثماني نسوة فذكرت ذلك للنبي ﷺ فقال عليه السلام: "اختر منهن أربعاً". (سنن أبي داود، كتاب الطلاق، باب في من أسلم وعند نساء أكثر من أربع).

الأسئلة التقويمية:

1. ماذا تستنتج من قوله عليه السلام لوهب الأسدي: **"اختر منهن أربعاً"؟**
2. فسر ما يلي: (مَثْنَى وَثُلَاثَ وَرُبَاعَ) [النساء: 3].
3. من هو الصحابي الذي أسلم وله عشر نسوة فأمره النبي أن يتخير أربعاً منهن؟

4. ضع كلمة (حقيقة أو رأي) عند العبارة الآتية: لم يأمر الإسلام بالتعدد وإنما حدد العدد. ولماذا؟

5. ضع عنواناً مناسباً للنص السابق.

النص الثالث

جاء الإسلام إلى مجتمع جاهلي كان يؤمن بالتعدد، وهذا التعدد كان مصحوباً بعادات سيئة؛ مثل امتهان كرامة المرأة، وعدم إعطائها مهرها....وغيرها. الأمر الذي ترتب عليه ضرورة وضع ضوابط وشروط لتعدد الزوجات، لضمان حماية الأسرة، وبالتالي حماية المجتمع من الانحراف.

هذه الضوابط والشروط يمكن لنا أن نستدل عليها من خلال النصوص الآتية:

- قال عليه السلام: "يا معشر الشباب من استطاع منكم الباءة فليتزوج، فإنه أغض للبصر وأحصن للفرج؛ فمن لم يستطع فعليه بالصوم، فإنه له وجاء". (صحيح مسلم، كتاب النكاح، باب استحباب النكاح لمن تاقت نفسه إليه ووجد مؤونة)، والمقصود بالباءة القدرة على الإنفاق والمعاشرة الزوجية.

- قال تعالى :(وَإِنْ خِفْتُمْ أَلَّا تُقْسِطُوا فِي الْيَتَامَى فَانْكِحُوا مَا طَابَ لَكُمْ مِنَ النِّسَاءِ مَثْنَى وَثُلَاثَ وَرُبَاعَ) [النساء: 3].

- قال تعالى : (فَإِنْ خِفْتُمْ أَلَّا تَعْدِلُوا فَوَاحِدَةً أَوْ مَا مَلَكَتْ أَيْمَانُكُمْ ذَلِكَ أَدْنَى أَلَّا تَعُولُوا) [النساء: 3]،

وهذا يشمل العدل في المبيت والنفقة، ولا يشمل ذلك العدل القلبي؛ لأن المحبة القلبية لا يمكن ضبطها بسهولة. وأيضاً يحرم التعدد إذا كان بقصد الإضرار بالزوجة أو بأهلها كالرغبة في الانتقام أو الاستيلاء على مالها.

الأسئلة التقويمية

1. استنتج من الكلمات التي تحتها خط في النص السابق ضابطاً واحداً من ضوابط إباحة تعدد الزوجات.
2. كيف توفق بين ضابط تحريم الجمع بين أكثر من أربع نسوة، وبين زواج النبي من أكثر من أربع؟
3. كيف توفق بين ضابط وجوب العدل بين الزوجات في النفقة والمبيت، وبين استثناء العدل القلبي بينهن؟
4. ضع عنواناً مناسباً للنص السابق.

النص الرابع

ذهب ثلاثة رجال إلى المحكمة راغبين في الزواج من امرأة ثانية، وقد كانت لهم أحوال خاصة على النحو الآتي:

الرجل الأول: قال للقاضي: بأن زوجته تعرضت لمرض عضال، أقعدها عن رعاية أسرته وتربية أبنائه، وخاصة وأنها أصيبت بتشوهات في المظهر، وإنه يكره طلاقها، وفاءً لها وخوفاً عليها من الضياع.

وقال الرجل الثاني: أن زوجته عقيمُ، وهو راغب في الإنجاب وقادر عليه، وأنه يريد الزواج من الثانية لتحقيق رغبته تلك.

وقال الرجل الثالث: بأن له رغبة جنسية كبيرة، وهو يتمتع بقدرة عالية على المعاشرة، ويخشى على نفسه الوقوع في الزنا، فزواجه من الثانية يحمه من المعصية والحرام.

علماً بأن الرجال الثلاثة اتفقوا على مراعاة حق الزوجة الأولى وضمان

كرامتها وفاءً لها وخوفاً عليها من الضياع.

الحالات السابقة حالات خاصة لكل رجل منهم، ولكن هناك ظروف وأحوال عامة تتمثل في: زيادة عدد النساء على الرجال بسبب الحروب وغيرها، الأمر الذي يؤدي إلى أن تبقى النساء بلا أزواج، مما يساعد على إشاعة الزنا والفاحشة، أو أن يتزوج الرجال بأكثر من زوجة، وفي ذلك رعاية لمصلحة النساء والمجتمع كله.

الأسئلة التقويمية

1. استنتج من النص السابق الحالات التي تدعو لتعدد الزوجات بشكل عام.
2. ما هو العامل المشترك الذي ورد في كلام الرجال الثلاثة الذين أرادوا التعدد؟
3. أعط مثالاً واحدة على كل من الظروف العامة والخاصة لتعدد الزوجات.
4. استنتج الشرط الرئيس من جواز التعدد في كل حالة من الحالات الخاصة الواردة في النص السابق.
5. الزواج بأكثر من زوجة أو التعدد فيه رعاية لمصلحة النساء والمجتمع كله. وضح ذلك.
6. ضع عنواناً مناسباً للنص السابق.

التدريب (1)

استنتج سبب نصيحة النبي ﷺ لمن لم يستطع الزواج بالصوم

التدريب (2)

ارجع إلى أحد كتب السيرة واكتب فيه أسماء زوجات النبي عليه السلام، وسبب زواج كل واحدة منهن.

الدرس السادس

الشروط في عقد الزواج

يتوقع منك عزيزي الطالب بعد الانتهاء من الدرس واستيعاب نصوصه والتفاعل معها والقيام بالأنشطة والتدريبات أن تصبح قادراً على:

1. تبين معنى المفاهيم الآتية: الشرط، العصمة.
2. تعدد أنواع شروط عقد الزواج.
3. تستدل على مشروعية الشروط في عقد الزواج من السنة النبوية المطهرة.

النص الأول

اشترطت فاطمة على زوجها أمام القاضي أن تكمل دراستها الجامعية بعد زواجها منه، فوافق الزوج على ذلك ودَوَّنَ القاضي ذلك في عقد الزواج.

نلاحظ من النص السابق أن شرط فاطمة لا يتعارض مع الشريعة الإسلامية، ولهذا وافق القاضي عليه. وهذا ما أكده النبي ﷺ في الحديث الشريف الذي قال فيه: "إن أحق الشرط أن يوفى به ما استحللتم به الفروج". (صحيح مسلم، كتاب النكاح، باب الوفاء بالشروط في النكاح) فهل يحق لكل زوج أو زوجة أن يشترطا ما يشاءا؟ وهل يوافق القاضي على جميع الشروط؟ وما هو تعريف الشرط ابتداءً؟

يعرف الشرط بأنه إلزام أحد طرفي العقد الطرف الآخر بالتزامات إضافية لا تتعارض وأحكام الشريعة الإسلامية ومصلحة الأسرة.

الأسئلة التقويمية

1. عرف الشرط اصطلاحاً.

2. أعط دليلاً شرعياً يدل على مشروعية الشرط في الإسلام.

3. متى يكون الشرط معتبراً شرعاً؟

4. ضع عنواناً مناسباً للنص السابق.

النص الثاني

ذهب شاب ليكتب عقد الزواج على فتاة مع أبيها إلى القاضي ودار بين الشاب (الخاطب) وأبيها الحوار الآتي:

الأب: أشترط لابنتي أن يحفظها زوجها ويعاملها بالحسنى، ولا يضربها وأن يسكنها في بيت مستقل.

قال الخاطب: موافق.

قال الأب: وأن تكمل دراستها الجامعية.

الخاطب: موافق.

الأب: ترغب ابنتي في أن تعمل بعد تخرجها من الجامعة.

الخاطب: لا أوافق على ذلك.

نلاحظ من الحوار السابق بأن هناك شروطاً في العقد قد يوافق عليها الخاطبان أو وكلائهما وقد لا يوافقا، وهذه الشروط نوعان: **الأول** من مقتضيات العقد مثل تأمين الزوج للزوجة الطعام والشراب، وأن مالها مستقل عن ماله ولا يلزمها الإنفاق على البيت وإن كانت غنية والزوج فقير، وهذه لا يشترط أن تكون مدونة في العقد.

والثاني تكون الشروط في مصلحة أحد طرفي العقد، ولا تضر بالطرف الآخر، ويجب أن تكون مدونة في العقد صراحة مثل: اشتراط الزوج أن يقيم معه في بيت

الزوجية أولاده من زوجته الأولى، أو أن يقيم معه والداه. فهذه الشروط إن رضوا بها تكون ملزمة، فإن خالفا شرطاً منها لهما الحق في فسخ العقد من القاضي وإلزام الزوج بمؤخر المهر وما يستتبع ذلك من مسؤوليات مالية واجتماعية.

والنوع الثالث من الشروط يتنافى مع مقاصد العقد، كأن يشترط فيه تحديد مدة للعقد، أو عدم المعاشرة أو التعامل بالحرام كشرب الخمر وغيرها فهنا يكون العقد صحيحاً ولا عبرة للشرط حيث قال عليه السلام: "ما بال أناس يشترطون شروطاً ليست في كتاب الـلـه؟ من اشترط شرطاً ليس في كتاب الـلـه فليس له وإن شرط مائة مرة، شرط الـلـه أحق وأوثق". (صحيح البخاري، كتاب المكاتب، باب ما يجوز من شروط المكاتب، ومن اشترط شرطاً ليس في كتاب الـلـه).

الأسئلة التقويمية

1. من خلال قراءتك للنص السابق قم بتعبئة الجدول الآتي بما يناسبه:

أنواع الشروط	مثال	الإلزام	تدوين الشروط في العقد	الأثر المترتب على الإخلال بالشرط

2. قال عليه السلام: "ما بال أناس يشترطون.................آخر الحديث) استنتج من الحديث الشريف شرطاً واحداً من شروط عقد الزواج.

3. ضع عنواناً مناسباً للنص السابق.

النص الثالث

اختلف الخاطب مع مخطوبته حول من يدفع ثمن "التلبيسة"، وخاصة بأن هذا الأمر لم يكتب في عقد الزواج، وعند رجوعهما إلى القاضي حكم لصالح الزوج؛ نظراً لأن هذا الأمر من العرف السائد في المجتمع، حيث تعارف الناس في ذلك الزمان على أن ثمن التلبيسة تدفع من قبل أهل الزوجة، حتى لو لم ينص على ذلك في عقد الزواج، بالإضافة إلى هذا العرف السائد ليس فيه مخالفة لأحكام الشريعة الإسلامية. وبهذا يكون العرف معتبراً شرعاً وكأنه شرط في العقد.

فالعرف هو ما تعارف عليه الناس ولم يخالف الشرع، فإن اتفق الناس على عرف متصل بالعقد ولم يخالف الشريعة كان العرف معتبراً، وكأنه شرط في العقد.

الأسئلة التقويمية

1. من خلال النص السابق، وضح معنى العرف.
2. ما هو الأثر المترتب على العرف في عقد الزواج؟
3. ما هو الشرط الرئيس للعرف حتى يكون معتبراً شرعاً؟
4. ضع عنواناً مناسباً للنص السابق.

النص الرابع

العصمة

العصمة هي عبارة عن حق طلب المرأة للطلاق من زوجها في أي وقت تشاء وأنى تشاء وكيف تشاء، وهذا الحق لا يعني أن الزوج لا يملك حق طلاق زوجته.

الأسئلة التقويمية

1. وضح معنى العصمة.

2. علل: العصمة لا تعني إلغاء حق الزوج في طلاق زوجته.

التدريب (1) ناقش مع زملائك أعرافاً سائدة في مجتمعنا فيما يتعلق بالزواج مثل: (المهر، الأفراح).
التدريب (2) ارجع إلى قانون الأحوال الشخصية في الأردن واكتب ما جاء في شروط عقد الزواج.

المبحث الرابع: وحدة السيرة النبوية الشريفة

يجب على كل مسلم أن يدرس سيرة المصطفى عليه السلام وصحبه الكرام رضوان الله عليهم، فلا يعقل أن ندعي اقتداءنا بالرسول عليه السلام ونحن لا نعرف عنه شيئاً، كيف كان في دعوته؟ كيف كان في بيته مع زوجاته وبناته، وكيف كان في ساحات القتال؛ وكيف اقتدى صحابته الكرام به وساروا على نهجه القويم.

النتاجات العامة لوحدة السيرة النبوية الشريفة:

يتوقع من الطالب بعد الانتهاء من دراسة الفقه الإسلامي أن يكون قادراً على ما يأتي:

1. يوضح المفاهيم والمصطلحات والمفردات والتراكيب الواردة في وحدة السيرة النبوية.
2. يبين حوادث السيرة النبوية المختلفة من مثل: الهجرة، حجة الوداع.........الخ.
3. يستنتج الجوانب الجهادية في حياة النبي ﷺ.
4. يترجم حياة الصحابة والصحابيات.
5. يستخلص العبر والدلالات المختلفة من سيرة النبي عليه السلام وصحابته الكرام.
6. يقدر جهود الصحابة والصحابيات في خدمة دين الإسلام.
7. يوضح موقف اليهود من الإسلام في مكة المكرمة والمدينة المنورة.

توجيهات عامة في تدريس دروس السيرة النبوية

هناك توجيهات عامة ينبغي على معلم التربية الإسلامية الإلمام بها تتمثل بالآتي:

1. مراعاة المرحلة العمرية في تدريس موضوعات السيرة النبوية، كما في دروس الفقه، فما يناسب طلاب المرحلة العمرية الدنيا لا يناسب طلاب المرحلة العليا، فيجب على المعلم انتقاء الأساليب والوسائل الخاصة بكل مرحلة.
2. استخدام الصور والخرائط، لما لها من دور مهم في تقريب الأفكار عند الطلبة، مثل: استخدام صور المسجد الحرام والمسجد الأقصى وبيان خط سير النبي ﷺ في رحلة الإسراء والمعراج، واستخدام الخرائط لبيان خط سير النبي ﷺ في هجرته إلى المدينة المنورة من مكة المكرمة، وذهابه أيضاً إلى الطائف...وغيرها، واستخدام صورة لدار الأرقم وتحديد مسافتها عن الكعبة المشرفة.
3. ربط الآيات القرآنية والأحاديث النبوية بسبب النزول.
4. الرجوع إلى الكتب الصحيحة التي كتبت في السيرة النبوية.
5. التركيز على الجانب القيمي عند طرح موضوعات السيرة النبوية.
6. إتقان أسلوب الاستنتاج واستخلاص العبر، وخاصة لموضوعات الغزوات والمعارك والسرايا..
7. القدوة: وخاصة للنبي عليه السلام وللصحابة الكرام.

خطوات تدريس السيرة النبوية الشريفة

يتبع المعلم في تدريس السيرة النبوية الشريفة الخطوات الآتية:

الرقم	الخطوة أو الطريقة	إجراءات عملية	الزمن	الوسائل المقترحة
.1	التحضير الذهني والتخطيط المسبق، وتحضير الوسائل المناسبة	- التحضير الذهني، والتخطيط الكتابي المتعلق بالأهداف المنوي تحقيقها عند الطلاب، والتفكير في الوسائل المناسبة لتحقيق الأهداف والزمن المناسب لكل هدف.	قبل الدخول إلى الحصة	يمكن استخدام الوسائل الآتية في دروس السيرة النبوية: 1. الصور والخرائط. 2.الكتاب المدرسي. 3. استخدام جهاز الداتا شو Data Show. 4. أفلام على جهاز الحاسوب. 8. لوحات الحائط. 9. البطاقات وخاصة لأسماء الصحابة. وغيرها من الوسائل.
2	التمهيد أو المقدمة	استخدام إحدى الأساليب التي ذكرناها سابقاً	5 دقائق	
3	العرض: ويشمل - الشرح - المناقشة والحوار - الاستنتاج - الأسلوب القصصي - استخدام أسلوب تحليل النصوص	- استخدام الصورة والرسومات الموجودة في الكتاب المدرسي، أو خرائط الوطن العربي، وعرضها أمام الطلاب، ثم طرح أسئلة مختلفة على الطلبة. - تكليف الطلبة بالنظر في الصور والرسومات والخرائط، وإتاحة الفرصة لهم للتعبير عما يشاهدوه.	20 دقيقة	

		- استخدام أسلوب القدوة للبني عليه السلام وللصحابة الكرام.		
4	التقويم البنائي	طرح أسئلة تعمل على استخلاص الدروس والعبر أولاً بأول، وخاصة بعد عرض قصة معينة، أو غزوة، أو معركة،......	10 دقائق	
5	التقويم الختامي	- الطلب من الطلبة استنتاج عبرة استفادها بعد الانتهاء من الدرس. - استخلاص حكم شرعي من دروس السيرة. - حل أسئلة الكتاب أو بعضها.	5 دقائق	
6	غلق الحصة	حل الأسئلة في آخر الكتاب، وتلخيص أفكار الدرس على السبورة أو بشكل شفهي ودعاء ختم المجلس.	5 دقائق	

ملاحظة: إنَّ لأسلوب تحليل النصوص **دوراً مهماً**-كما في دروس الفقه الإسلامي- في تدريس وحدة السيرة النبوية أيضاً، وخاصة مع وجود الكثير من النصوص التي كتبها النبي ﷺ لأهل المدينة، وكذلك عندما قام بإرسال الصحابة إلى

الزعماء والحكام داخل الجزيرة العربية وخارجها يدعوهم فيها إلى الدخول في الإسلام....وغيرها.

ولكي يوظف المعلم استراتيجية تحليل النصوص في دروس السيرة النبوية يجب عليه أن يوجه طلابه لأن يقوموا بمراحل متدرجة كالآتي:

أولاً: فهم النص: ويكون بقراءة النص أكثر من مرة- قراءة واعية متأنية : يدرك فيها الطالب العلاقات المختلفة وطريقة العرض ، والدلالات اللغوية.

ثانياً: تحديد الفكرة والموضوع: ويكون ذلك بتسجيل الأفكار الفرعية ثم النفاذ منها إلى الفكرة الكلية وخاصة الموضوع، علماً بأنه تم توجيه سؤال إلى الطالب بعد نهاية كل نص يطلب فيه من الطالب باستنتاج عنوان مناسب للنص بعد قراءته قراءة واعية، وتحديد الأفكار الرئيسة منه.

ثالثاً: استيعاب ما يسمى بالتشبيه أو الأمثال: ويشكل التشبيه عنصرا بارزا ومهما في النص، فكلما كان النص معبراً من خلال التشبيه والتمثيل وضرب الأمثلة، كانت الصورة هي التي تتشكل في أذهان الطلاب بشكل أوضح، وخاصة أن نصوص الشريعة الإسلامية والأحاديث الشريفة مرتعاً خصباً لمثل هذا النوع، مما يجعلها أكثر نجاحا وتشويقا عند عرضها.

رابعاً: التقويم: بحيث يتطلب من الطالب بعد المراحل السابقة، الإجابة عن أسئلة التقويم المرفقة بعد نهاية كل نص من النصوص، وهذه الإجابة على أنواع؛ منها ما يطلب منه في الصف، ومنها خارجه.

إجراءات إستراتيجية تحليل النص في دروس السيرة النبوية

1. يقوم المعلم بتوزيع الوحدة المطورة على كل من طلاب الصف.
2. يمهد المعلم للدرس بالصورة المناسبة حسب الموضوع.
3. يحدد المعلم الوقت المناسب للطلاب وخاصة الوقت المتعلق بكل نص، بحيث يقسم الوقت على عدد النصوص في كل درس.
4. يطلب المعلم من الطلاب قراءة النص الأول قراءة واعية وبتمعن.
5. يكلف المعلم طلبته باستخلاص الأفكار الرئيسية من النص.
6. يطلب المعلم من الطلاب كتابة المفاهيم والمصطلحات الموجودة في كل نص.
7. قيام كل طالب بالإجابة عن كل سؤال بحيث لا يتم الإجابة عن السؤال الثاني إلا بعد الإجابة عن الأول وهكذا.
8. يناقش المعلم الطلاب بالأسئلة وخاصة السؤال المتعلق باستنتاج عنوان مناسب للنص.
9. يطلب المعلم من الطلاب محاولة الإجابة عن الأسئلة بشكل فردي، على أن يقوم الطلاب الآخرين بتصحيح الأخطاء إن وجدت.
10. حل الأنشطة والتدريبات الصفية بشكل فردي ثم جماعي.
11. يقوم المعلم بالإجابة النموذجية عن كل الأسئلة المتعلقة بكل نص من النصوص، على أن يقارن الطالب إجابته مع إجابة المعلم.
12. إعطاء الواجب البيتي إن وجد.

تطبيق عملي لتحليل محتوى وحدة السيرة النبوية الشريفة من كتاب التربية الإسلامية للصف التاسع الأساسي

المادة: التربية الإسلامية

الصف: التاسع الأساسي/ العام الدراسي:2007م

الوحدة	النتاجات العامة	المفردات والتراكيب	المفاهيم والمصطلحات	الأفكار الرئيسة	النشاط		الحقائق	القيم والاتجاهات	الأحكام الشرعية
					البنائي	الختامي			
وحدة	1- يوضح بعضاً من كتب النبي ﷺ إلى الزعماء والحكام داخل الجزيرة العربية وخارجها. 2- يتعرف قصة إسلام بعض الصحابة أمثال: حمزة، والعباس وغيرهم. 3- يبين حب النبي ﷺ لآل البيت الكرام، ومنهم: الحسن والحسين وحمزة وجعفر	الرجس	الأريسيون آل البيت كسرى قيصر النجاشي	- بادر النبي ﷺ بعد صلح الحديبية إلى توجيه رسائل إلى زعماء القبائل والملوك داخل الجزيرة وخارجها يدعوهم إلى الدخول في الإسلام وختم هذه الرسائل بخاتم (محمد رسول الله). - من أعلام آل البيت الكرام (العباس وحمزة ابنا عبد المطلب.	- صمم خريطة مفاهيمية بين فيها الرسائل التي أرسلها النبي ﷺ إلى الزعماء والحكام داخل الجزيرة وخارجها وموقف كل	- اكتب تقريرا عن دور كل من: (جعفر والعباس وحمزة وعقيل) في الإسلام واقرأه أمام زملائك في إذاعة	- تأكدت عالمية الإسلام من خلال بعث النبي عليه السلام الرسائل إلى الملوك داخل الجزيرة وخارجها. - لقّب النبي ﷺ حمزة بن	- يحب النبي ﷺ ويقتدي به. - يحب الصحابة الكرام ويقتدي بهم. - يقدر جهود الصحابة الكرام وتضحياتهم لنشر دين الإسلام. - يبتعد عن	- يحرم الإساءة للصحابة الكرام. - حب لصحابة واجب على المسلمين. - الدفاع عن الإسلام وأهله واجب على كل مسلم ومسلمة كل حسب

السيرة النبوية الشريفة	وغيرهم. 4- يقتدي بسيرة محمد ﷺ. 5- يحب الصحابة ويقدر جهودهم في نشر الإسلام. 6- يعدد بعضاً من صفات الصحابة الكرام الواردين في الوحدة.			- احتل العباس رضي الله عنه مكانة عالية عند النبي عليه السلام. - للصحابة الكرام (حمزة والعباس وجعفر وعقبل) دوراً كبيراً في الدفاع عن الإسلام ونشره إلى جميع بقاع الأرض	زعيم منها. - اكتب خريطة مفاهيمة تبين فيها أهم أعلام آل بيت النبوة وأولادهم. - أعط مثالاً على جهاد كل من: (حمزة، والعباس، وجعفر وعقيل والحسن والحسين رضي الله عنهم جميعاً)	المدرسة.	عبد المطلب بسيد الشهداء. - الحسن والحسين سيدا شباب أهل الجنة. - قام الحسن رضي الله عنه بالإصلاح بين فئتين من المسلمين كما أخبر النبي عليه السلام بذلك عندما تنازل عن الحكم بعد وفاة والده علي رضي الله عنه حقناً	الإساءة للصحابة الكرام. - يدعو للصحابة الكرام لما بذلوه من جهد لنشر هذا الدين. - يقتدي بالنبي ﷺ في حبه لآل البيت الكرام. - يحب آل بيت النبي عليه السلام ويقدرهم. - يقدر دور آل البيت الكرام في خدمة الإسلام والمسلمين.	استطاعته. - الجهاد واجب على كل مسلم ومسلمه.

					- اكتب حديثاً يدل على فضل كل من في الإسلام: (الحسن والحسين والعباس وحمزة وجعفر وعقيل).		لدماء المسلمين. - الحسن كان من أشبه الناس بالنبي ﷺ		

نموذج تطبيقي في تدريس السيرة النبوية

الدرس: كُتب النبي ﷺ إلى الزعماء والحكام

المستوى: الصف التاسع الأساسي

النتاجات الخاصة بالدرس:

- يعدد أسماء الزعماء والحكماء داخل الجزيرة العربية وخارجها الذين أرسل إليهم النبي عليه السلام الرسائل المختلفة.
- يستنتج سبب إرسال النبي ﷺ الرسائل إلى الزعماء والحكام.
- يبين موقف كل زعيم أو حاكم من رسالة النبي عليه السلام إليه.
- يتبين عالمية الإسلام ووسطيته من خلال الرسائل التي أرسلها النبي إلى الزعماء والحكام.
- يبين النتائج المترتبة على إرسال الرسائل إلى الزعماء والحكام.
- يحلل النصوص التي أرسلها النبي إلى الزعماء والحكام.

الوسائل المستخدمة في الدرس السابق

1- الكتاب المدرسي بما فيها الصور والخريطة الموجودتان في الكتاب.

2- خارطة للجزيرة العربية وخارجها.

3- لوحة حائط مكتوب عليها النصوص التي كتبها النبي ﷺ إلى الزعماء والحكام.

4- صورة لخاتم النبي ﷺ.

5- فيديو تعليمي.

خطوات عملية لتدريس درس السيرة النبوية السابق

أولاً: التخطيط الذهني والكتابي للدرس قبل إعطائه للطلبة: بتحديد الأهداف المنوي تحقيقها، وتحضير الوسائل التي سوف تستخدم، وأنواع التقويم البنائي والختامي.

ثانياً: التمهيد: (5 دقائق)

ويكون عن طريق طرح أسئلة مختلفة تطرح على الطلبة، أو بعض قصة لبعض الصحابة- أمثال عبد الله بن حذافة السهمي وغيرهم- الذين أرسلهم النبي عليه السلام إلى الزعماء والحكام، أو بعرض خارطة الجزيرة العربية أمام الطلاب وتوجيه أسئلة مختلفة حولها مثل: ماذا تشاهدون؟ وما اسم هذه المناطق؟ وما علاقتها بدروس التربية الإسلامية؟ وقد يكون التمهيد من خلال ربط الدرس الحالي بالدروس السابقة المتعلقة بسيرة النبي ﷺ، أو قراءة آية أو حديث متعلق بعالمية الإسلامية وأن الرسول ﷺ بعث للناس كافة.

- ماذا نستنتج من قوله تعالى:(وَمَا أَرْسَلْنَاكَ إِلَّا كَافَّةً لِلنَّاسِ بَشِيرًا وَنَذِيرًا وَلَكِنَّ أَكْثَرَ النَّاسِ لَا يَعْلَمُونَ) [سبأ: 28][1] أو قوله تعالى: (وَأَنْذِرْ عَشِيرَتَكَ الْأَقْرَبِينَ) [الشعراء:214][2].
- هل اقتصر النبي ﷺ في دعوته على أهل مكة فقط؟
- ماذا تستنتج من قصة عبد الله بن حذافة السهمي الذي بعثه النبي ﷺ إلى أحد زعماء الكفر؟ وعلى ماذا يدل إرسال النبي عليه السلام؟

---

(1) ، سورة سبأ، آية 28.

(2) ، سورة الشعراء، آية 214.

ثالثاً: العرض: (ومدته لا تقل عن (30) دقيقة، ويتضمن ما يأتي:

(1): استخدام الخريطة الموجودة في الكتاب المدرسي حيث يطلب المعلم من الطلبة النظر فيها، ثم يوجه لهم الأسئلة الآتية:

ماذا تشاهدون في الصورة؟

تحتوي الصورة على مدن كثيرة، ما هي هذه المدن؟

ما العلاقة بين هذه المدن بعضها ببعض؟

لماذا اقتصرت الصورة على مدن بعينها دون غيرها؟

(2): يكتب المعلم عنوان الدرس على السبورة، ثم يبين للطلبة مع الكتابة على السبورة أنه سيناقش في هذا الدرس الأمور الآتية: (الرسائل التي أرسلها النبي ﷺ إلى الزعماء والحكام داخل الجزيرة العربية وخارجها، ثم مناقشة النتائج المترتبة على رسائل النبي ﷺ إلى الزعماء والحكام).

(3): توظيف السبورة في هذا الدرس، حيث يكتب المعلم الأفكار الرئيسة على السبورة.

(4): استخدام الخريطة المفاهيمية، بعمل مخطط شامل للدرس على السبورة كالآتي:

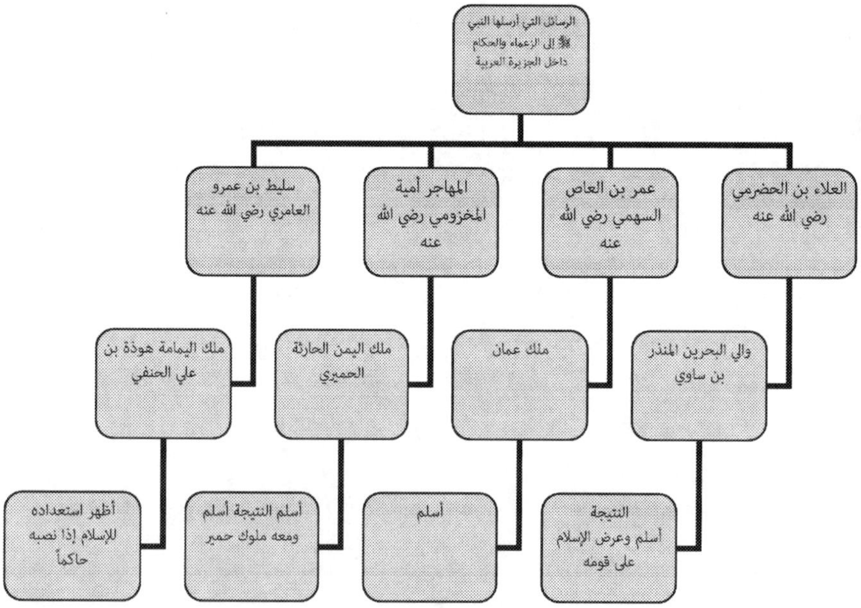

(5): توزيع ورقة عمل على الطلبة تحتوي نفس الخريطة المفاهيمية السابقة، ولكنها تتعلق بالرسائل التي أرسلها النبي ﷺ إلى الزعماء والحكام خارج الجزيرة العربية، وتكليف الطلبة بتعبئة الفراغات بالاستعانة بالكتاب المدرسي

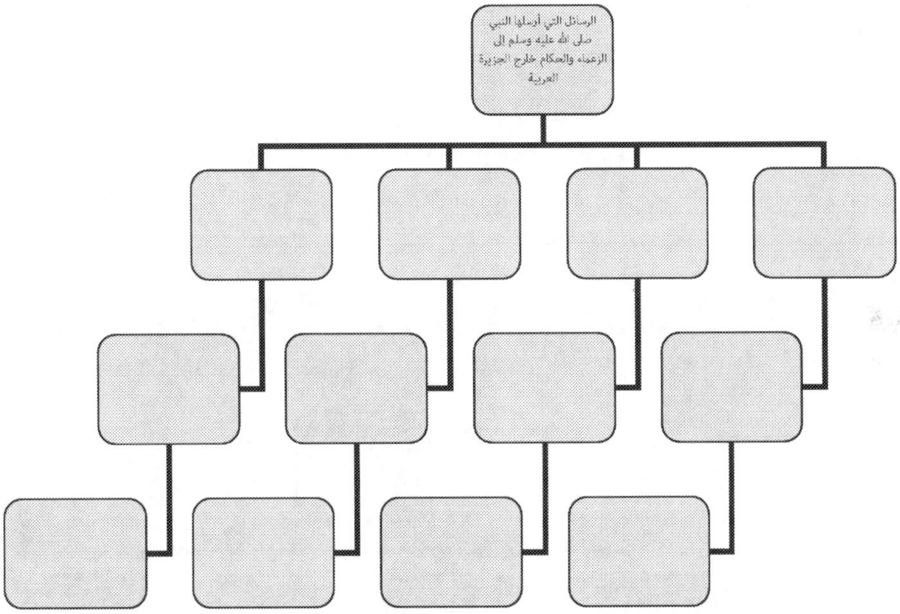

(6): الأسئلة: يوجه المعلم أسئلة تعمل على إثارة التفكير عند الطلبة، ومن أمثلة ذلك:

- من خلال الخريطة السابقة، هل قام النبي ﷺ بالتركيز على منطقة دون أخرى؟ ولماذا؟
- هل أسلم جميع الزعماء والحكام الذين بعث لهم النبي ﷺ بالرسائل؟ وعلى ماذا يدل ذلك؟
- ما علاقة هذا الدرس بقوله تعالى: (وَمَا أَرْسَلْنَاكَ إِلَّا كَافَّةً لِّلنَّاسِ بَشِيراً وَنَذِيراً وَلَكِنَّ أَكْثَرَ النَّاسِ لَا يَعْلَمُونَ) [سبأ: 28][1].

---

(1) ، سورة سبأ، آية 28.

(7): تقسيم الطلبة إلى مجموعتين، وتوزيع بطاقات على كل مجموعة، احداها تحتوي على اسم الصحابي الذي أرسله النبي صلى الله عليه وسلم، والثانية تحتوي على أسماء الملوك والزعماء والحكام الذي أرسل إليهم هذا الصحابي، ثم ينظم المعلم مسابقة بين الطلبة، بأن يرفع طالب البطاقة التي معه من المجموعة الأولى، ثم يرفع طالب آخر بطاقته ويقارن بينهما، والهدف من هذه المسابقة هو مساعدة الطلبة على حفظ أسماء الصحابة الذين أرسلوا إلى الزعماء بأسلوب مرح.

(8): استخدام أسلوب تحليل النصوص: يعرض المعلم بعض النصوص التي كتبها النبي ﷺ على لوحة خاصة أمام الطلبة، ويكلفهم بقراءتها قراءة صامتة، ويقرأها المعلم قراءة جهرية واضحة، ويطلب من بعض الطلبة المجيدين للقراءة بقراءتها، ثم يوجه أسئلة مختلفة للطلبة، بحيث يراعي في هذه الأسئلة الوضوح، والتنويع في الصعوبة، وتعمل على إثارة التفكير عند الطلبة، كالآتي:

نص الكتاب الذي بعثه النبي ﷺ إلى النجاشي ملك الحبشة، عن طريق الصحابي الجليل عمرو بن أمية الضمري:

بسم الله الرحمن الرحيم، من محمد رسول الله إلى النجاشي عظيم الحبشة، سلام، أما بعد، فإني أحمد إليك الله الذي لا إله إلا هو الملك القدوس السلام المؤمن المهيمن، وأشهد أن عيسى بن مريم روح الله وكلمته ألقاها إلى مريم البتول الطيبة الحصينة، فحملت بعيسى من روحه ونفخه كما خلق آدم بيده، وإني أدعوك إلى الله وحده لا شريك له والولاء على طاعته، وأن تتبعني وتؤمن بالذي جاءني فإني رسول الله، وإني أدعوك وجنودك إلى الله عز وجل، وقد بلغت ونصحت فاقبل النصيحة، والسلام على من ابتع الهدى.

إلى من كتب النبي ﷺ هذا النص؟

من أرسل من الصحابة بهذا الكتاب؟

بماذا بدأ رسول الله ﷺ كتابه؟

لماذا خاطب النبي ﷺ النجاشي بالعظيم؟

لماذا شهد النبي ﷺ أن عيسى روح الله وكلمته؟ وما الفائدة من ذلك؟

بماذا وصف النبي ﷺ مريم البتول عليها السلام؟

ما هي وصية النبي عليه السلام إلى النجاشي؟

استنتج من النص فائدة تفيدها عن دعوتك للآخرين لعمل الخير

(9): مناقشة النتائج المترتبة على رسائل النبي ﷺ إلى الزعماء والحكام: وذلك من خلال الطلب من الطلبة استنتاج أفكار عدة من الدرس، وكتابة هذه الأفكار على السبورة، ومناقشتهم بها.

رابعاً: التقويم الختامي: يوجه المعلم أسئلة مختلفة للطلبة: (5 دقائق)

- إلى من أرسل النبي ﷺ كل من الصحابة الآتية أسماؤهم:

  - العلاء بن الحضرمي
  - عمرو بن العاص رضي الله عنه.
  - أمية المخزومي.
  - سليط بن عمرو العامري.
  - عبد الله بن حذافة السهمي.
  - دحية الكلبي.

- من الحاكم الذي قال فيه النبي ﷺ: "كَذبَ عدوَّ الله، ليس بمسلم"؟

- ماذا تستنتج من قول النبي ﷺ إلى النجاشي ملك الحبشة والسلام على من اتبع الهدى"؟

خامساً: غلق الحصة: ويكون بـ: (5 دقائق)

- تكليف الطلبة بقراءة الأسئلة فردياً، ثم حلها بشكل جماعي، ولا يشترط حل جميع أسئلة الدرس، وإنما يفضل أن يعطي المعلم للطلبة بعض الأسئلة كواجب بيتي، وخاصة الأسئلة التي تعمل على إثارة التفكير، والتي تتطلب الرجوع إلى مراجع ومصادر مختلفة.

- تلخيص أهم أفكار الدرس من قبل الطلبة أنفسهم، أو من قبل المعلم نفسه.

- الدعاء بـ: "سبحانك اللهم وبحمدك نشهد أن لا إله إلا أنت نستغفرك ونتوب إليك".

المبحث الخامس: وحدة العقيدة الإسلامية

العقيدة الإسلامية، من الموضوعات المهمة في حياتنا اليومية، وهي المفصل الرئيس الذي عليه دين الإسلام، بما تحتويه من مبادئ عامة وحقائق واضحة ثابتة لا لبس فيها ولا غموض. هذه الحقائق هي التي حاول أعداء الإسلام التشكيك فيها تارة، ومحاولة العمل على بطلانها تارة أخرى، مثل: وحدانية الـلـه تعالى، ومريم البتول، وعيسى عليه السلام....)

من جانب آخر، هناك قضية مهمة احتوت عليها موضوعات العقيدة، وهي أمور تتعلق بالشرك الأصغر والشرك الأكبر، مثل: الحكم بغير ما أنزل الـلـه تعالى، وعبادة الأهواء......

فهذه جوانب يجب مراعاتها لمن يقوم بتدريس العقيدة الإسلامية بمستوياتها المختلفة، ومراحلها المتفاوتة، فكل مرحلة عمرية تناسبها موضوعات لا تناسب المراحل الأخرى. من هنا سنبدأ أولاً بتناول النتاجات العامة لوحدة العقيدة الإسلامية، ثم سنتطرق إلى توجيهات عامة يجب مراعاتها من قبل كل مدرس يدرس العقيدة الإسلامية، ثم سنقوم بعمل تحليل محتوى لوحدة العقيدة من كتاب الصف العاشر الأساسي، مبينين طرائق تدريس العقيدة الإسلامية، ثم سنختم بتطبيق عملي لدرس من دروس العقيدة. و الـلـه ولي التوفيق.

النتاجات العامة لوحدة العقيدة الإسلامية

يتوقع من الطالب بعد الانتهاء من دراسة وحدة العقيدة الإسلامية أن يكون قادراً على ما يأتي:

1. يوضح المفاهيم والمصطلحات والمفردات والتراكيب الواردة في وحدة العقيدة الإسلامية.

2. يحدد موقف الإسلام من العقائد الأخرى.
3. يحلل قصص الأنبياء المذكورة في القرآن الكريم وأثرها في بناء العقيدة.
4. يلخص قصص الأنبياء الواردة في القرآن الكريم مع قومهما.
5. يقدر ثبات الرسل عليهم السلام في الحفاظ على العقيدة الإسلامية.
6. يتمثل القيم والأخلاق الواردة في قصص الأنبياء والصالحين.

توجيهات عامة في تدريس دروس العقيدة الإسلامية

هناك توجيهات عامة ينبغي على معلم التربية الإسلامية الإلمام بها تتمثل بالآتي:

1. استخدام أسلوب الإقناع العقلي فيما يتعلق بدروس العقيدة، مثل: الاستدلال على وحدانية الـلـه تعالى، وأنه لا مخلوق بدون خالق، وقضية العدل بين الناس، والانتصار للمظلوم....
2. تفاوت المرحلة العمرية تتطلب من المدرس التنويع في الأساليب والوسائل المختلفة في تدريس موضوعات العقيدة، فما يناسب المرحلة العمرية الدنيا لا يناسب المرحلة العمرية العليا.
3. التركيز على أسلوب التلقين للصفوف الدنيا: مثل الحفظ الجماعي لحديث أركان الإسلام مثلاً، وحفظ آيات الـلـه الخالق، والرازق......
4. إتقان المعلم لمهارات خاصة متعلقة بالعقيدة الإسلامية؛ ومن هذه المهارات: مهارة اجتناب الألفاظ المحذورة، فيجب على المعلم أن يكون ماهراً في اختيار الألفاظ التي تتفق مع العقيدة الإسلامية، مبتعداً عن الألفاظ التي تتعارض معها صراحة أو ضمناً، وخاصة الألفاظ الشائعة بين المتعلمين، وما يتبع ذلك مع مهارة اجتناب الممارسات المحذورة وخاصة مع وجود

التأويلات في كثير من الأحاديث النبوية الشريفة وبعض الآيات القرآنية. "إن المهارات العملية في التربية الإسلامية تحتل جانباً مهماً في تربية المتعلم وتقويم سلوكه على النحو الأمثل، ذلك إنه ليس المهم دراسة التربية الإسلامية حفظ ذلك الكم الهائل من المعلومات، دون أن يكون لها أثرها التربوي في نفس المتعلم، وإنما المهم أن يمتلك المتعلم المهارات العملية المتعلقة بالعقيدة وتنطلق أهمية المهارات العملية في العقيدة من كون العقيدة تمثل الأساس المهم لأي عمل سليم يقوم به المسلم" [1].

5. الرجوع إلى المصادر الصحيحة في الشريعة الإسلامية، والمتفق عليها من قبل العلماء، والابتعاد عن المصادر غير الصحيحة والتي يوجد فيها إسرائيليات.

خطوات تدريس العقيدة الإسلامية

1. **التحضير الذهني، والتخطيط المسبق:** ويشمل التفكير في الأهداف المتوقع تحقيقها من الدرس، والوسائل والأساليب التي سوف تستخدم، والتقويم البنائي والختامي، وآلية غلق الحصة.

2. **التمهيد:** ويفضل أن يبدأ المعلم درسه بما يأتي:

   - قصة حقيقية لصحابي أو عالم...
   - ربط الدرس بواقع الحياة.
   - تلاوة آية أو قراءة حديث والتعليق عليهما.
   - إعطاء نموذج من النماذج الغربية ومناقشة الطلبة بها.
   - ربط الدرس بالدرس السابق (في حال كون الدرسين مترابطين مع بعضهما).

---

(1) ، عبد الرحمن بن عبدالله المالكي، مهارات التربية الإسلامية، كتاب الأمة، وزارة الأوقاف والشؤون الإسلامية، قطر، العدد (106)، 2005م ص162-163.

3. **العرض:** ويكون بما يأتي:

- استخدام الأسلوب القصصي في عرض الدرس، وخاصة الدروس التي تتحدث عن الأنبياء وغيرهم، وعن الأمم السابقة.
- استخدام أسلوب تبادل الأدوار: بأن يكلف المعلم طالبين مسبقاً بإعداد حوار، أحدهم يتبنى قضية والدفاع عنها، والآخر يحاول إثبات بطلانها.
- الحوار والمناقشة: وذلك بتوجيه أسئلة استنتاجيه للطلبة، ومحاولة الاستماع إلى آرائهم حول قضية معينة، أو قصة.
- تدوين الأفكار الرئيسة التي تم التوصل إليها مع الطلبة على السبورة، ومن ثم تكليفهم بكتابتها في دفاترهم.
- استخدام أسلوب تحليل النص: وهذا أمر ضروري في تدريس العقيدة الإسلامية، بحيث يعرض المعلم الآيات القرآنية والأحاديث النبوية الشريفة على السبورة، ومن ثم يكلف عدد من الطلبة بقراءتها، ثم محاولة استنتاج ما ترشد إليه.

4. **التقويم الختامي:** بتوجيه أسئلة ختامية للطلبة، وهذه الأسئلة تكون مرتبطة بأهداف الدرس، ليتأكد المعلم من مدى تحقق الأهداف المخطط لها مسبقاً عند طلبته.
5. **غلق الحصة:** ويكون بحل أسئلة الدرس وخاصة التي تحتاج إلى تفكير، ولو بشكل شفهي، ثم تلخيص أهم أفكار الدرس من قبل المعلم نفسه أو من قبل الطلبة.

نموذج تطبيقي في تدريس العقيدة الإسلامية

المستوى الدراسي: الصف العاشر الأساسي

الدرس: الأول: قصة سيدنا إبراهيم عليه السلام

النتاجات الخاصة للدرس السابق

يتوقع من الطالب بعد دراسة قصة سيدنا إبراهيم عليه السلام أن يكون قادراً على ما يلي:

1. يتعرف على نسب سيدنا إبراهيم عليه السلام.
2. يتبين المواقف الجهادية من حياة سيدنا إبراهيم عليه السلام.
3. يعدد الأماكن التي عاش فيها سيدنا إبراهيم عليه السلام.
4. يسرد قصة سيدنا إبراهيم مع النمرود.
5. يستنتج العبر من خلال مناظرة سيدنا إبراهيم مع النمرود.
6. يعطي أمثلة من حياة سيدنا إبراهيم تدل على كرمه وجوده، وذكاء أسلوبه، وفدائه وتضحياته.
7. يقدر دور سيدنا إبراهيم في تبليغ دعوة الـلـه تعالى إلى الناس جميعاً.

الوسائل المستخدمة

- خارطة تظهر فيها أماكن بلاد الشام، والعراق، والحجاز.
- الكتاب المدرسي.

خطوات تدريس الدرس السابق

أولاً: التخطيط: ويكون هنا بكتابة النتاجات المتوقع تحقيقها، والأساليب والوسائل التي سيستخدمها المعلم لإيصال أفكار الدرس للطلاب.

ثانياً: التهيئة الذهنية (التمهيد): ويكون بما يلي:

1. يبدأ المعلم درسه بالسلام على طلبته ثم الصلاة والسلام على نبينا محمد ﷺ، وغيرها من الخطوات التي ذكرناها سابقاً في التهيئة الذهنية المتعلقة بأساليب تدريس القرآن الكريم.
2. ربط الدرس الحالي بالسابق وهو ثبات الرسل عليهم السلام، وأن إبراهيم أحد هؤلاء الرسل، وهو من أولي العزم.
3. مناقشة الطلبة بقوله تعالى: (إِنَّ إِبْرَاهِيمَ كَانَ أُمَّةً قَانِتًا لِلَّهِ حَنِيفًا وَلَمْ يَكُ مِنَ الْمُشْرِكِينَ) [النحل: 120] [1].
4. مناقشة الطلاب بقول النبي عليه السلام: "ذاك إبراهيم عليه السلام" عندما سمع منادياً يناديه: يا خير البرية[2].
5. تذكير الطلاب بقصة سيدنا إبراهيم عندما رماه قومه في النار.

ثالثاً: العرض وشرح الدرس:

يتبع المعلم الخطوات الآتية بشكل متسلسل لعرض درس العقيدة الإسلامية:

1. توظيف السبورة بكتابة البسملة، والتاريخ الهجري والميلادي وحكمة اليوم والواجب البيتي والصفي، مع ترك عنوان الدرس فارغاً.

(1) سورة النحل، آية 120.

(2) صحيح مسلم،كتاب الفضائل، باب من فضل إبراهيم الخليل عليه السلام.

2. يعلق المعلم خارطة العالم على السبورة، ويقوم بتعيين بلاد العراق، وبلاد الشام، وأرض الحجاز أي مكة المكرمة، للطلبة ويطلب من الطلبة قراءة أسماء الأماكن التي قام بتعيينها على الخارطة.

> إرفاق خارطة يكون فيها مواقع العراق وبلاد الشام، ومكة المكرمة.

3. يقوم المعلم ببيان رحلة سيدنا إبراهيم عليه السلام مرتبة حسب الخريطة، مع ربط معاناته عليه السلام في كل منطقة.

4. يقسم المعلم السبورة إلى ثلاثة أقسام: قسم لبلد العراق، وآخر لبلاد الشام، وأخر لبلاد الحجاز، بالإضافة إلى قسم خاص لميلاد سيدنا إبراهيم عليه السلام وحياته.

حياته ومولده عليه السلام	مواقفه في العراق	مواقفه في بلاد الشام	مواقفه في الحجاز
	- دعوة إبراهيم لأبيه وقومه - مناظرته للنمرود - مناظرته لعبدة الكواكب.		- رحلته إلى مكة المكرمة - بناء الكعبة

5. يكتب الأفكار الرئيسية لمواقف سيدنا إبراهيم الجهادية أمام كل قسم من الأقسام السابقة.

6. يستخدم المعلم أسلوب الحوار والمناقشة أمام كل قسم، بحيث يسأل الطلبة: من منكم يعرف شيئاً عن قصة إبراهيم عليه السلام مع تحطيم التماثيل؟ يكلف أحد الطلبة بسرد القصة، ثم يقوم المعلم بالتعاون مع طلبته باستنتاج

العبر والفوائد من هذه القصة، وبعدها يطلب المعلم من أحد الطلبة تلاوة الآيات الموجودة في الكتاب المرتبطة بهذه القصة ويشرحها للطلاب. وهكذا مع كل قسم من الأقسام الأخرى، ثم ينتقل لقصة مناظرته للنمرود، ومناظرته لعبدة الكواكب، ثم مواقفه في بلاد الشام، وأخيراً رحلته إلى مكة المكرمة، وبناء الكعبة.

7. يراعي المعلم أثناء شرحه كل فقرة من الفقرات السابقة تكليف الطلبة بتلاوة الآيات الموجودة في الكتاب المدرسي واستنتاج الدلالات والعبر منها.

8. تنمية مهارات التفكير عند الطلبة من خلال توجيه أسئلة تثير التفكير عندهم، مثل:

- لماذا اشتمل دعاء إبراهيم عليه السلام إلى قومه على قوله: ليقيموا الصلاة؟
- لماذا أوجس سيدنا إبراهيم عليه السلام خيفة من الملائكة بعد تقديم الطعام لهم؟
- ماذا يعني لك رفض الملائكة لأكل الطعام الذي صنعه لهم إبراهيم عليه السلام؟

رابعاً: التقويم البنائي: ويكون من خلال طرح أسئلة متنوعة أثناء شرح كل قسم من الأقسام السابقة الذكر، الهدف منها معرفة تحقق الأهداف عند الطلاب، ومعرفة مواطن الضعف والقوة عندهم، مثل: توجيه الأسئلة الآتية لكل فقرة من الفقرات السابقة:

حياته ومولده عليه السلام	مواقفه في العراق	مواقفه في بلاد الشام	مواقفه في الحجاز
أين ولد سيدنا إبراهيم؟ بماذا كانت تشتهر مدينة بابل؟ ارسم خريطة تبين فيها رحلة إبراهيم عليه السلام	اشرح بلغتك الخاصة: - كيف دعا إبراهيم عليه السلام قومه إلى عبادة اللـه. - مناظرة إبراهيم للنمرود. مناظرة إبراهيم لعبدة الكواكب.	ما علاقة سيدنا إبراهيم بسيدنا لوط عليهما السلام؟	اشرح بلغتك الخاصة قصة سيدنا إبراهيم مع زوجته في مكة المكرمة

خامساً: التقويم الختامي: يكون بحل أسئلة الدرس مع الطلبة إما بشكل شفهي أو كتابة على السبورة، حيث يطلب المعلم من الطلبة ولمدة ثلاثة دقائق محاولة حل الأسئلة بشكل فردي، ثم يختار طلاباً لحلها ومناقشتهم بالحل، مع تركيزه على أسئلة دلالات الآيات والأحاديث والتعليل، وعدم التركيز على أسئلة التذكر.

سادساً: غلق الحصة: ويكون بما يأتي:

- تلخيص أفكار الدرس من قبل المعلم بشكل شفهي.
- الطلب من الطلبة تلخيص أفكار الدرس، وإخراج بعضهم لطرح هذه الأفكار أمام زملائهم.
- دعاء غلق الحصة، ثم إعطاء الواجب البيتي.

شكل توضيحي للسبورة مع تقسيمها إلى أقسام رئيسية

<table>
<tr><th>القسم الأول</th><th>القسم الثاني</th><th>القسم الثالث</th></tr>
<tr><td rowspan="4">راوي الحديث الشريف:
يستخدم المعلم أسلوب السيرة الذاتية أو الهوية للراوي كالآتي:
الاسم: عبد الـلـه
اسم الأب والجد: عمرو بن العاص.
صفاته:
3. رواية الحديث.
4. كتابة الحديث الشريف
مكان الوفاة: المدينة المنورة.
سنة الوفاة: 63 للهجرة.</td><td>عرض اللوحة (الحديث الشريف)</td><td rowspan="2">الفكرة الأولى: المسلم من سلم المسلمون من لسانه ويده.
أمثلة الإيذاء باللسان: (السب، الشتم، السخرية، الاستهزاء، الغيبة، النميمة، إفشاء السر، الكذب في القول، شهادة الزور
أمثلة الإيذاء باليد: (القتل، الاعتداء على الناس بالضرب ظلماً، السرقة، الاعتداء على المرافق العامة</td></tr>
<tr><td rowspan="2">رسم لإنسان مع التركيز على اليد واللسان وأمثلة على كل واحد منها يشملها الحديث الشريف</td></tr>
<tr><td rowspan="2">الفكرة الثانية: المهاجر من هجر ما حرم الـلـه تعالى.
(هجران المعاصي والذنوب)
أمثلة على ذلك</td></tr>
<tr><td>ما يرشد إليه الحديث الشريف:</td></tr>
</table>

سابعاً: التقويم الختامي: يطرح المعلم أسئلة على الطلبة مثل: (من يقرأ لي الحديث الشريف غيباً؟ من منكم يعطيني عنواناً للدرس غير العنوان الموجود في الكتاب؟ ما معنى المفردات الآتية: سلم المسلمون، المهاجر.....وهكذا)، ثم يقوم المعلم بحل الأسئلة الموجودة في الكتاب المدرسي، فيمكن للمعلم أن يختار الأسئلة

الآتية: (علل: قدّم رسول الله ﷺ الإيذاء باللسان على الإيذاء اليد، بيّن كيف يهجر المسلم الذنوب والمعاصي).

ثامناً: غلق الحصة: بتلخيص المعلم الأفكار الرئيسة شفهياً، ثم التأكيد على الواجب البيتي، وبعدها قراءة دعاء ختم المجلس وهو: "سبحانك اللهم وبحمدك نشهد أن لا إله إلا أنت نستغفرك ونتوب إليك".

المبحث السادس: مقرر التلاوة وأحكام التجويد

يتفق العلماء الأجلاء على أن تطبيق أحكام التلاوة عند قراءة القرآن الكريم واجب عيني وإن اختلفت طرق تعلم التلاوة سواءً كان بالتلقي أو بتعلم أحكام التجويد، ولا يخفى عليك أخي المعلم اشتداد الحاجة للعناية بهذا العلم الكبير والمهم، والميدان التربوي يشهد على ضعف طلابنا في هذا الجانب، لذا يقع على عاتقك العبء الأكبر في إخراج طالب قادر على تلاوة القرآن الكريم كما يجب أن يُقرأ.

النتاجات العامة لمقرر التلاوة وأحكام التجويد

يتوقع من الطالب بعد دراسته لمقرر التلاوة وأحكام التجويد لأيّ مرحلة عمرية أن:

- يبين معاني الألفاظ والتراكيب القرآنية الواردة في السور المقررة.
- يتبين المعنى الإجمالي للسور المقررة.
- يوضح الأحكام الواردة في المرحلة، مثل التفخيم والترقيق، النون الساكنة والتنوين، الميم الساكنة، النون والميم المشددتين، وغيرها من الأحكام.
- يستخرج من الآيات الكريمة والسور المقررة الأحكام المطلوبة.
- يستخدم المعجم المفهرس لألفاظ القرآن الكريم في البحث عن مواضع الألفاظ والآيات الكريمة في القرآن الكريم.
- يتلو السور والآيات المقررة تلاوة سليمة مراعياً ما تعلمه من أحكام التلاوة والتجويد.
- يراعي في تلاوته أحكام التلاوة والتجويد التي درسها في الصفوف السابقة.
- يقدر دور العلماء المسلمين في خدمة القرآن الكريم.
- يقبل على قراءة القرآن الكريم وتعلم أحكام التلاوة والتجويد.
- يتمثل القيم والأخلاق الواردة في السور والآيات الكريمة.

ثالثاً: متطلبات سابقة لتدريس مقرر التلاوة والتجويد

لتدريس مقرر التلاوة والتجويد ينبغي للمعلم أن يراعي الآتي:

1) استشعار عظمة العمل الذي تقوم به وما ينالك من الأجر والثواب العظيم عند الله تعالى.
2) التحضير الذهني قبل الدخول إلى أي حصة، أو ما يسمى بالتخطيط المسبق في علم التربية والتعليم، وذلك بتحديد الأهداف المنوي تحقيقها، وتحديد الوسائل، والأساليب التي سوف تستخدم في الدرس، ثم أساليب التقويم المناسبة.
3) تجهيز الوسائل الخاصة بالدرس، مثل: (المسجل، الداتا شو، لوحة حائط، مجسم للفم.....وغيرها)
4) مراجعة حكم التجويد من إحدى الكتب المختصة بذلك.
5) إتقان استخدام الحاسوب وتوظيف البرامج التعليمية الخاصة بالتلاوة في الدرس.
6) التركيز على الجانب العملي أكثر من النظري، وخاصة التلاوة المتعلقة بالحكم ومن قبل جميع الطلبة.
7) الوضوء قبل إعطاء الحصة الصفية وحث الطلبة على ذلك.

الوسائل المستخدمة في دروس التلاوة والتجويد

1. المصحف الشريف.
2. الكتاب المدرسي.
3. نماذج لبعض كتب تفسير القرآن الكريم.

4. المسجل.
5. الداتا شو.
6. لوحة الحائط.
7. اللوح الفعال.
8. المجسمات وخاصة المجسمات الخاصة بالفم واللسان في دروس مخارج الحروف.
9. الصور والخرائط لمخارج الحروف.
10. **بطاقات التعريف:** وهي عبارة عن أوراق يصورها المعلم لطلبته تحتوي على صفحات من القرآن الكريم، تحتوي على الأحكام المنوي تدريسها، يستخدمها الطلاب لوضع علامات أو إشارات على حكم التجويد في الصفحات الخاصة، ثم قراءته بالشكل الصحيح، والهدف منها: لفت اهتمام الطالب في أثناء القراءة بوجود حكم تجويد عند الإشارة التي وضعت تحت كل آية، ليراعيها في أثناء القراءة.

مثال: صورة للصفحة الأولى من سورة آل عمران توزع على الطلبة لوضع إشارات معينة لإرشادهم إلى وجود حكم تجويدي، كأن يضع دائرة حول حكم النون المشددة، أو خطاً، أو مربع..

قال تعالى :(الم (1) اللـهُ لَا إِلَهَ إِلَّا هُوَ الْحَيُّ الْقَيُّومُ (2) نَزَّلَ عَلَيْكَ الْكِتَابَ بِالْحَقِّ مُصَدِّقًا لِمَا بَيْنَ
يَدَيْهِ وَأَنْزَلَ التَّوْرَاةَ وَالْإِنْجِيلَ (3) مِنْ قَبْلُ هُدًى لِلنَّاسِ وَأَنْزَلَ الْفُرْقَانَ إِنَّ الَّذِينَ كَفَرُوا بِآيَاتِ اللـهِ لَهُمْ
عَذَابٌ شَدِيدٌ وَاللـهُ عَزِيزٌ ذُو انْتِقَامٍ (4) إِنَّ اللـهَ لَا يَخْفَى عَلَيْهِ شَيْءٌ فِي الْأَرْضِ وَلَا فِي السَّمَاءِ (5) هُوَ
الَّذِي يُصَوِّرُكُمْ فِي الْأَرْحَامِ كَيْفَ يَشَاءُ لَا إِلَهَ إِلَّا هُوَ الْعَزِيزُ الْحَكِيمُ (6) هُوَ الَّذِي أَنْزَلَ عَلَيْكَ الْكِتَابَ
مِنْهُ آيَاتٌ مُحْكَمَاتٌ هُنَّ أُمُّ الْكِتَابِ وَأُخَرُ

مُتَشَابِهَاتٌ فَأَمَّا الَّذِينَ فِي قُلُوبِهِمْ زَيْغٌ فَيَتَّبِعُونَ مَا تَشَابَهَ مِنْهُ ابْتِغَاءَ الْفِتْنَةِ وَابْتِغَاءَ تَأْوِيلِهِ وَمَا يَعْلَمُ
تَأْوِيلَهُ إِلَّا اللَّـهُ وَالرَّاسِخُونَ فِي الْعِلْمِ يَقُولُونَ آمَنَّا بِهِ كُلٌّ مِنْ عِنْدِ رَبِّنَا وَمَا يَذَّكَّرُ إِلَّا أُولُو الْأَلْبَابِ (7)
رَبَّنَا لَا تُزِغْ قُلُوبَنَا بَعْدَ إِذْ هَدَيْتَنَا وَهَبْ لَنَا مِنْ لَدُنْكَ رَحْمَةً إِنَّكَ أَنْتَ الْوَهَّابُ (8) رَبَّنَا إِنَّكَ جَامِعُ
النَّاسِ لِيَوْمٍ لَا رَيْبَ فِيهِ إِنَّ اللَّـهَ لَا يُخْلِفُ الْمِيعَادَ) [آل عمران: 1- 9] [1].

فوائد هذه الطريقة: (بطاقات التعريف)

لاستخدام هذه الطريقة عدة فوائد نذكر منها ما يلي:

1. التمييز: بأن يقوم الطالب بتمييز حكم التجويد عن غيره من الأحكام.
2. الاكتشاف: من خلال قيام الطالب بالبحث عن حكم التجويد، واكتشافه ووضع العلامة تحته.
3. التعلم الفردي: تسهم هذه الطريقة في تعلم الطالب، من خلال إعطائه القاعدة العامة للحكم ويطلب منه اكتشافها.
4. التعلم الجماعي: يمكن للمعلم أن يوظف طريقة بطاقات التعريف في التعلم الجماعي، بأن يقسم الطلبة إلى مجموعات، ويطلب منهم البحث عن الكلمات التي تحتوي الحكم، من خلال تنظيم مسابقة بين هذه المجموعات.
5. تسهيل القراءة: من خلال معرفة الطالب بوجود حكم تجويد معين تحت الكلمة التي تحتها خط مثلاً، وتطبيق القراءة عملياً.

(1) سورة آل عمران، الآيات (1-9).

خطوات تدريس مقرر التلاوة وأحكام التجويد

لتدريس مقرر التلاوة وأحكام التجويد خطوات ينبغي مراعاتها من قبل المعلمين، وهي:

التمهيد (المقدمة)
العرض
التلاوة الفردية التوضيحية (النموذجية)
(من قبل المعلم أو الشريط، أو بعض الطلبة المجيدين للتلاوة)
ثم التلاوة الجماعية
المناقشة والحوار
التلاوة التقويمية لجميع الطلبة
الخاتمة (غلق الحصة)

الرقم	الخطوة أو الطريقة	إجراءات عملية	الزمن
1	التحضير الذهني والتخطيط المسبق، وتحضير الوسائل المناسبة	- التحضير الذهني، والتخطيط الكتابي المتعلق بالأهداف المنوي تحقيقها عند الطلاب، والتفكير في الوسائل المناسبة لتحقيق الأهداف والزمن المناسب لكل هدف.	قبل الدخول إلى الحصة
2	التمهيد أو المقدمة	- مقدمة بسيطة عن فضل قراءة القرآن الكريم وتلاوته. - ذكر حديث عن النبي ﷺ يدل على وجوب تعلم قراءة القرآن الكريم وتعليمه ومناقشة الطلبة به. - ربط الدرس الحالي بالدرس السابق. - ربط حكم تجويد بآخر درس سابقاً. - قراءة آيات تحتوي على حكم تجويد معين أمام الطلبة، والطلب منهم التركيز في القراءة وملاحظة الحكم.	5 دقائق

3	العرض: ويشمل: - التلاوة الفردية النموذجية. - التلاوة التوضيحية التفسيرية: وتشمل (معاني المفردات، والأفكار الرئيسة) - التلاوة الجماعية. - القراءة الصامتة. - التلاوة التقويمية. 	- استخدام لوحة حائط للآيات المنوي تدريسها للطلبة. - عرض بعض الآيات التي تحتوي الحكم التجويدي أمام الطلبة على لوحة خاصة، أو الاستعانة بآيات الكتاب. - تمييز الحكم التجويدي المراد تدريسه بلون مختلف عن باقي كلمات الآيات. - المناقشة والحوار: وخاصة عن سبب تمييز الحكم التجويدي الملون بلون آخر. - ضرب الأمثلة: يكرر المعلم الأمثلة حتى يصل المراد إلى الطلبة. - يتلو المعلم الكلمات التي تحتوي على حكم التجويد بصوت مرتفع، على أن يقوم الطلبة بتقليده والترديد وراءه. - الاستنتاج: وذلك بجعل الطلبة يستنتجون سبب تمييز الحكم التجويدي عن غيره من الكلمات. - تكوين قاعدة: من خلال الأمثلة السابقة يقوم الطلبة بصياغة قاعدة تكون مرشدة لهم في	35 دقيقة

		قراءتهم المستقبلية. - التلاوة الصامتة، لتهيئة الطلبة للتلاوة التقويمية، مع تكليفهم بالبحث عن الكلمات الصعبة أو غير الواضحة، أو الآيات التي بحاجة إلى شرح لمناقشتهم بها. - توظيف السبورة: بكتابة الكلمات الصعبة ومعانيها، وكتابة الأفكار الرئيسة، ثم كتابة الكلمات التي تحتوي على حكم التجويد.	
5	غلق الحصة (الخاتمة)	حل الأسئلة في آخر الكتاب، وتلخيص أفكار الدرس على السبورة أو بشكل شفهي، الاستماع إلى قراءة بعض الطلاب كأن يأخذ من كل مجموعة طالب واحد وتكليفهم بتلاوة آية معينة، ثم دعاء ختم المجلس.	5 دقائق

ملاحظات عامة:

1. إعطاء الجانب العملي الأهمية الكبرى، نظراً لأن تدريس أحكام التجويد يتطلب الممارسة والتكرار.
2. إعطاء الفرصة لجميع الطلبة لقراءة الآيات في الحصة الصفية، ولو بتلاوة كل طالب لآية واحدة فقط.
3. تقديم الطلبة المتقنين والمجيدين للتلاوة على غيرهم من الطلبة.

4. الاستعانة بالمسجل وخاصة لأصوات القراء الذين يجيدون إخراج الحروف من مخارجها بالشكل الصحيح، وتوجيه اهتمام الطلبة إلى هذه المخارج أو هذا الحكم.

5. ينبغي مراعاة الوحدة الموضوعية في تدريس الآيات القرآنية، بأن يقوم المعلم بتقسيم الآيات المنوي تدريسها إلى وحدات أو موضوعات فكل مجموعة آيات تتناول موضوع معين تُدَرّيس كوحدة واحدة. وهنا يخطأ بعض المعلمين عندما يقومون بتدريس الآيات القرآنية مرة واحدة، والذي يسبب الملل للطلبة من القراءة، الأمر الذي يسهم في تشتتهم وعدم تركيزهم.

مثال توضيحي: لو أراد المعلم تدريس سورة النبأ

فإنه يقسمها إلى ثلاثة أقسام حسب الموضوعات كالآتي:

القسم الأول: يتناول الحديث عن قدرة اللـه تعالى ومظاهر ذلك

قال تعالى: عَمَّ يَتَسَاءَلُونَ (1) عَنِ النَّبَإِ الْعَظِيمِ (2) الَّذِي هُمْ فِيهِ مُخْتَلِفُونَ (3) كَلَّا سَيَعْلَمُونَ
(4) ثُمَّ كَلَّا سَيَعْلَمُونَ (5) أَلَمْ نَجْعَلِ الْأَرْضَ مِهَادًا (6) وَالْجِبَالَ أَوْتَادًا (7) وَخَلَقْنَاكُمْ أَزْوَاجًا (8)
وَجَعَلْنَا نَوْمَكُمْ سُبَاتًا (9) وَجَعَلْنَا اللَّيْلَ لِبَاسًا (10) وَجَعَلْنَا النَّهَارَ مَعَاشًا (11) وَبَنَيْنَا فَوْقَكُمْ سَبْعًا
شِدَادًا (12) وَجَعَلْنَا سِرَاجًا وَهَّاجًا (13) وَأَنْزَلْنَا مِنَ الْمُعْصِرَاتِ مَاءً ثَجَّاجًا (14) لِنُخْرِجَ بِهِ حَبًّا وَنَبَاتًا
(15) وَجَنَّاتٍ أَلْفَافًا (16)

القسم الثاني: يتناول الحديث عن أهوال يوم القيامة

إِنَّ يَوْمَ الْفَصْلِ كَانَ مِيقَاتًا (17) يَوْمَ يُنْفَخُ فِي الصُّورِ فَتَأْتُونَ أَفْوَاجًا (18) وَفُتِحَتِ السَّمَاءُ فَكَانَتْ أَبْوَابًا
(19) وَسُيِّرَتِ الْجِبَالُ فَكَانَتْ سَرَابًا (20) إِنَّ جَهَنَّمَ كَانَتْ مِرْصَادًا (21) لِلطَّاغِينَ مَآبًا (22) لَابِثِينَ فِيهَا
أَحْقَابًا (23) لَا يَذُوقُونَ فِيهَا بَرْدًا وَلَا شَرَابًا (24) إِلَّا حَمِيمًا وَغَسَّاقًا (25) جَزَاءً وِفَاقًا (26) إِنَّهُمْ كَانُوا لَا
يَرْجُونَ حِسَابًا (27) وَكَذَّبُوا بِآيَاتِنَا كِذَّابًا (28) وَكُلَّ شَيْءٍ أَحْصَيْنَاهُ كِتَابًا (29) فَذُوقُوا فَلَنْ نَزِيدَكُمْ إِلَّا
عَذَابًا (30)

القسم الثالث: يتناول الحديث عن منـزلة المتقين يوم القيامة وبعض مظاهر اليوم الآخر أيضاً

إِنَّ لِلْمُتَّقِينَ مَفَازًا (31) حَدَائِقَ وَأَعْنَابًا (32) وَكَوَاعِبَ أَتْرَابًا (33) وَكَأْسًا دِهَاقًا (34) لَا يَسْمَعُونَ فِيهَا
لَغْوًا وَلَا كِذَّابًا (35) جَزَاءً مِنْ رَبِّكَ عَطَاءً حِسَابًا (36) رَبِّ السَّمَاوَاتِ وَالْأَرْضِ وَمَا بَيْنَهُمَا الرَّحْمَنِ لَا
يَمْلِكُونَ مِنْهُ خِطَابًا (37) يَوْمَ يَقُومُ الرُّوحُ وَالْمَلَائِكَةُ صَفًّا لَا يَتَكَلَّمُونَ إِلَّا مَنْ أَذِنَ لَهُ الرَّحْمَنُ وَقَالَ صَوَابًا
(38) ذَلِكَ الْيَوْمُ الْحَقُّ فَمَنْ شَاءَ اتَّخَذَ إِلَى رَبِّهِ مَآبًا (39) إِنَّا أَنْذَرْنَاكُمْ عَذَابًا قَرِيبًا يَوْمَ يَنْظُرُ الْمَرْءُ مَا
قَدَّمَتْ يَدَاهُ وَيَقُولُ الْكَافِرُ يَا لَيْتَنِي كُنْتُ تُرَابًا (40)

النبأ: ١ - ٤٠

6. التركيز على موضوع ما ترشد إليه الآيات، بأن يحث المعلم طلبته على التفكير في الأمور التي استفادوها من الآيات الكريمة، ويفضل أن يكتب كل ما يستنتجه الطلبة على السبورة لأن ذلك أدعى إلى الحفظ، ثم يناقشهم بها.

7. للمنافسة دور كبير في تدريس مثل هذه الموضوعات، وخاصة مع الطلاب في المستويات الدنيا.

8. تنبيه الطلبة إلى بعض الفروقات في رسم الكلمات الواردة في المصحف الشريف، ومقارنتها بالرسم الإملائي:

الرسم القرآني	الرسم الإملائي
أَحْلَٰمٍ	أحلام
افْتَرَٰهُ	افتراه
أَضْغَٰثُ	أضغاث

9. لتثبيت الأحكام التي تعلمها الطلبة، يجب إعطاء الطالب واجباً بيتياً، يقوم من خلاله بالرجوع إلى المصحف الشريف واستخراج أمثلة وكتابتها في دفتره.

تطبيق عملي لتحليل محتوى مقرر التلاوة وأحكام التجويد للصف التاسع الأساسي

المادة: مقرر التلاوة وأحكام التجويد

الصف: التاسع الأساسي / العام الدراسي:2007م

الوحدة	النتاجات العامة	المفردات والتراكيب	المفاهيم والمصطلحات	الأفكار الرئيسة	النشاط		الحقائق	القيم والاتجاهات	الأحكام الشرعية
					البنائي	الختامي			
مقرر التلاوة وأحكام	يبين معاني الألفاظ والتراكيب القرآنية الواردة في السور المقررة. يتبين المعنى الإجمالي للسور المقررة. يوضح الأحكام الواردة في المرحلة، مثل التفخيم والترقيق، النون الساكنة والتنوين، الميم الساكنة، النون والميم المشددتين،	بناصيتها يثنون صدورهم ليبلوكم أمة معدودة حاق لا يبخسون حبط مرية	التفخيم الترقيق الإطباق الاستعلاء التجويد	- تنقسم الحروف من حيث التفخيم والترقيق إلى ثلاثة أقسام: (حروف تفخم دائماً، وحروف ترقق دائماً، وحروف تفخم تارة وترقق تارة). - الحروف التي تفخم في جميع الأحوال: (الطاء، والضاد، والصاد، والظاء، والقاف، والغين، والخاء)	- صمم خريطة مفاهيمية بين فيها أقسام الحروف من حيث التفخيم والترقيق، موضحاً الحروف التي تفخم دائماً، والحروف التي ترقق دائماً، والحروف التي	- في الإذاعة الصباحية قم بقراءة الآيات العشر الأولى من سورة البقرة مراعياً فيها أحكام التجويد التي درستها في هذه الوحدة.	- أحرف الاستعلاء تفخم دائماً أحرف الاستفال ترقق دائماً	- يقتدي بالنبي صلى الله عليه وسلم في حبه لكتاب الله تعالى. - يقبل الطالب على تعلم كتاب الله. - يقبل على تعليم كتاب الله للناس	- وجوب تعلم كتاب الله بالشكل الصحيح مراعياً أحكام التجويد. - وجوب تعليم أحكام القرآن الكريم للناس.

التجويد	وغيرها من الأحكام. يستخرج من الآيات الكريمة والسور المقررة الأحكام المطلوبة. يستخدم المعجم المفهرس لألفاظ القرآن الكريم في البحث عن مواضع الألفاظ والآيات الكريمة في القرآن الكريم. يتلو السور والآيات المقررة تلاوة سليمة مراعياً ما تعلمه من أحكام التلاوة والتجويد. يراعي في تلاوته أحكام التلاوة والتجويد التي درسها في الصفوف السابقة. يقدر دور العلماء المسلمين	لا جرم أخبتوا الفلك التنور يا سماء أقلعي غيض الماء الجودي بعداً فطرني مدراراً اعتراك جاثمين الصيحة لم يغنوا بعجل حني سجيل		وتسمى حروف الاستعلاء. الحروف التي ترقق دائماً هي: (باقي الحروف عدا حروف الاستعلاء السابقة - الحروف التي تفخم دائماً وترقق دائماً: (لام لفظ الجلالة، والألف، والراء). - الحروف التي تفخم دائماً على مراتب ثلاث: (أقوى المراتب إذا كان حرف التفخيم مفتوحاً، ثم في المرتبة الثانية إذا كان الحرف مضموماً، والمرتبة الثالثة إذا كان الحرف مكسوراً)	تفخم تارة وترقق تارة أخرى. - من خلال الآيات الآتية: استخرج مثالاً واحداً على كل مما يلي: 1. (حرف يفخم دائماً، وحرف	- تنظيم مسابقة بين الطلبة لحفظ سور معينة مع وضع معايير خاصة بالتقويم تتضمن مراعاة الأحكام التي درسها الطلاب.	صفة الإطباق تعد من أقوى صفات الحروف، ثم تليها في القوة أحرف القاف والغين والخاء.	كافة. - يقدر دور العلماء المسلمين في خدمة القرآن الكريم وتلاوته. - يتمثل القيم والأخلاق الواردة في السور الكريمة.	- وجوب المحافظة على قراءة القرآن الكريم.

	في خدمة القرآن الكريم. يقبل على قراءة القرآن الكريم وتعلم أحكام التلاوة والتجويد. يتمثل القيم والأخلاق الواردة في السور والآيات الكريمة.	منضود مسومة رهطك مسومة الرفد مرية القرون أولو بقية			يرقق دائماً، وحرف يفخم تارة ويرقق تارة أخرى. 2. بيّن حكم اللام في لفظ الجلالة في قوله تعالى: (لا تقدموا بين يدي الـلـه ورسوله)				

نموذج تطبيقي في تدريس مقرر التلاوة وأحكام التجويد

المستوى الدراسي: الصف التاسع الأساسي

الدرس: تفخيم الراء　　　　　　　الزمن: حصة صفية واحدة

الورقة كما هي في الكتاب

عرفت أن بعض حروف القرآن الكريم ترقق أحياناً وتفخم أحياناً أخرى، ومن هذه الحروف حرف الراء، وسوف نتحدث في هذا الدرس عن حالات تفخيمها:

تفخم الراء في حالات كثيرة أهمها:

1. أن تكون مفتوحة أو مضمومة سواء أكانت مشددة أو مخففة، مثل: رَبكم، الرَّحمن، الرُّسل.
2. أن تكون ساكنة وقبلها فتح أو ضم، مثل: العرش، يرسل.
3. إذا كانت ساكنة في نهاية الكلمة سكوناً أصلياً أو عارضاً، وقبلها فتح أو ضم، مثل: تَنهر، وأمُر، القَمر.
4. إذا وقعت ساكنة في الوسط وقبلها كسر اصلي، وبعدها حرف استعلاء مفتوح في كلمة واحدة، مثل: مِرصادا، قِرطاس.

نشاط: بيّن سبب تفخيم الراء في الآيات الكريمة الآتية	
قال تعالى : وَلَمَنْ صَبَرَ وَغَفَرَ إِنَّ ذَٰلِكَ لَمِنْ عَزْمِ الْأُمُورِ " الشورى: ٤٣	قال تعالى : "إِنَّهُ ظَنَّ أَنْ لَنْ يَحُورَ (14)الانشقاق: ١٤
مِرْصَادًا (21)النبأ: ٢١	قال تعالى " وَأَمَّا السَّائِلَ فَلَا تَنْهَرْ (10) " الضحى: ١٠

وهناك كلمات يجوز فيها تفخيم حرف الراء وترقيقها والتفخيم أولى مثل:

كلمة (مصر) يوسف: ٢١ **غير المنونة**

وحكمها وصلاً: التفخيم بسبب الفتحة على الراء. **ووقفاً:** فيها الوجهان والتفخيم أولى.

علة الترقيق: حسب القاعدة، حيث أنها ساكنة وما قبلها ساكن وما قبله مكسور ولم يعتد بحرف الاستعلاء.

علة التفخيم: اعتبر حرف الاستعلاء حاجزاً مانعاً من ترقيق الراء.

النتاجات الخاصة بالدرس

يتوقع من الطالب بعد الانتهاء من دراسة درس تفخيم الراء أن يكون قادراً على:

1. يبين معنى التفخيم.
2. يعدد الحالات التي تفخم فيها الراء.
3. يطبق حكم تفخيم الراء عملياً.
4. يستخرج أحرف الراء المفخمة من الآيات القرآنية.
5. يفرق بين تفخيم الراء وترقيقها.
6. يحافظ على تلاوة أجزاء من كتاب اللـه تعالى يومياً.
7. يقدر دور العلماء المسلمين في خدمة القرآن الكريم.
8. يتمثل القيم والأخلاق الواردة في السور والآيات الكريمة.

الوسائل المستخدمة في الدرس

1. الكتاب المدرسي.
2. المسجل.
3. بطاقات التعريف: وهي عبارة عن أوراق تحتوي على آيات قرآنية يطلب من الطالب وضع علامة أو إشارة على الراء المفخمة.
4. لوحات حائط مكتوب عليها أمثلة لآيات فيها راء مفخمة، وملونة بألوان مختلفة.
5. الحاسوب.

خطوات تدريس دروس مقرر التلاوة وأحكام التجويد

لا تختلف خطوات تدريس هذه الدروس عن سابقتها من دروس الفقه والعقيدة والسيرة وتفسير القرآن والحديث الشريف، حيث تشترك مع هذه الدروس في الخطوط العريضة للتدريس مثل (التمهيد، والعرض، والخاتمة) مع اختلافها بأمر وحيد وهو إعطائها الوقت الأكبر من زمن الحصة للتطبيق العملي (التلاوة). وهذه الخطوات هي كالآتي:

أولاً: التخطيط الذهني: ويشمل التحضير الكتابي للأهداف المنوي تحقيقها، والأساليب والوسائل التي ستستخدم في تدريس الدرس، ثم أساليب التقويم.

ثانياً: التمهيد للحصة: ويكون بعدة أمور:

1. مراجعة الطلبة بالحكم السابق.
2. قراءة آية على مسامع الطلبة والطلب منهم ملاحظة حكم التجويد.
3. مناقشة الطلبة بجهود العلماء في خدمة هذا القرآن العظيم ومنها علماء التجويد.
4. ربط الدرس الحالي بالدرس السابق، وغيرها.

ثالثاً: العرض ويشمل:

1. **عرض لوحات على الحائط** مكتوب عليها آيات قرآنية فيها أحرف راء مفخمة.
2. **التلاوة الفردية التوضيحية:** يتلو المعلم الآيات السابقة، أو يتلوها قارئ من خلال المسجل، أو يطلب المعلم من طالب مجيد للقراءة تلاوتها بالشكل الصحيح، ثم اختيار طالب آخر لتلاوتها، وهكذا.

3.استخدام **أسلوب العصف الذهني أو الاستنتاج**، عن طريق توجيه الأسئلة الآتية للطلبة:

قال تعالى :(إِنَّ رَبَّكَ لَبِالْمِرْصَادِ) [1].

قال تعالى :أعوذوا بالله من الشيطان الرجيم : (رِجَالٌ يُحِبُّونَ)[2].

قال تعالى : أعوذوا بالله من الشيطان الرجيم (وَالنَّجْمُ وَالشَّجَرُ يَسْجُدَانِ) [3].

قال تعالى : أعوذوا بالله من الشيطان الرجيم (وَأَنَّ اللَّهَ رَءُوفٌ رَحِيمٌ)[4].

- ماذا تلاحظون في الآية الأولى والثانية؟
- وماذا تلاحظون في الآية الثالثة والرابعة؟
- ما هي أسباب وضع خط تحت الكلمات السابقة، أو لماذا أحرف الراء في الآيات السابقة ملون باللون الأحمر بخلاف الكلمات الأخرى؟
- ما هي حركات حرف الراء في الآيات السابقة؟ يكتب المعلم الحركات على السبورة.
- ما هي حركة الحرف قبل حرف الراء في كل آية؟
- ما هو الحرف الموجود بعد حرف الراء في كل كلمة سابقة تحتها خط؟
- ماذا نستنتج مما سبق؟

4. تكوين **قاعدة للتفخيم** ويفضل أن تكون من قبل الطلبة أنفسهم، من خلال كل مثال سابق.

---

(1) سورة الفجر، آية 14.

(2) سورة التوبة، آية 108.

(3) سورة الرحمن، آية 6.

(4) سورة النور، آية 20.

5. **الاستخراج:** بحيث يوزع المعلم على طلبته بطاقات التعريف، ويطلب منهم وضع دائرة على كل راء مفخمة، ويفضل أن يكون هذا النشاط ضمن مجموعات لإثارة روح المنافسة بين الطلبة.
6. **التلاوة الجماعية:** يقوم المعلم بتلاوة الآيات ثم يكلف الطلبة الترديد وراءه، أو يقسم الطلبة إلى مجموعات لتقوم كل مجموعة بالترديد وراء المعلم، على أن تقوم المجموعات الأخرى بملاحظة القراءة.
7. **التلاوة الفردية:** يطلب المعلم من كل طالب تلاوة الآيات التي بين يديه مع التركيز على وجود حكم راء مفخمة قام بالإشارة إليها الطالب.
8. **التقويم البنائي**: ويكون بإحدى الصور الآتية:
   - يقوم المعلم بتصحيح أخطاء الطلبة أثناء التلاوة.
   - يختار طالباً مجيداً للقراءة، ويوكل إليه مهمة التقويم.
   - يختار المعلم مجموعة من الطلبة ويوكل إليهم مهمة التقويم ، وهذه الطريقة من أفضل الطرق وأنجعها، نظراً لتوزيع مهام التقويم لأكثر من طالب، وخاصة إذا اختار المعلم من كل مجموعة صفية طالباً واحدة ليقوم بهذه المهمة.

رابعا: التقويم الختامي:

1. يقوم كل طالب بتلاوة آيات معينة من المصحف الشريف، ويسجل المعلم ملاحظات التلاوة بعد تقويمها.
2. يقرأ المعلم كلمة قرآنية فيها راء مفخمة، يوجهها لكل طالب، ويطلب منه بيان سبب التفخيم.
3. حل أسئلة التقويم في آخر الدرس، ولا يشترط حل جميع الأسئلة، بل يفضل حل بعض هذه الأسئلة في الصف وإعطاء الباقي كواجب بيتي.

وكذلك من المناسب تكليف الطلبة بالرجوع إلى سورة معينة أو صفحات معينة من القرآن الكريم واستخراج أحكام الراء المفخمة منها، وتدوينها في دفتره لتتم مناقشها في الحصة القادمة.

خامساً: غلق الحصة: ويكون بما يلي:

1. تلخيص أهم أفكار الدرس من قبل المعلم، أو من الطلبة أنفسهم.
2. تذكير الطلبة بوجوب المحافظة على تلاوة كتاب الله تعالى يومياً، ثم دعاء ختم المجلس.

التوزيع الزمني لكل خطوة من خطوات تدريس الدرس السابق:

الخطوة	المدة الزمنية
التخطيط الذهني	قبل الدخول إلى الحصة
التمهيد	5 دقائق
العرض	30 دقيقة
التقويم الختامي وغلق الحصة	10 دقائق

المبحث السابع: أساليب تحفيظ القرآن الكريم

النتاجات العامة

يتوقع من الطالب بعد الانتهاء من دراسة المقرر الخاص بالحفظ أن:

1. يحفظ الآيات المقررة غيباً.
2. يتلو الآيات المقررة تلاوة سليمة خالية من الأخطاء اللغوية.
3. يراعي أحكام التجويد العامة خلال تلاوته للآيات.
4. يتعرف على آلية الحفظ السليم للآيات.
5. يتعهد ما حفظه بالمراجعة.
6. يستشعر نعمة الـله تعالى عليه أن منّ عليه بالحفظ.

متطلبات سابقة لحفظ القرآن الكريم

يتطلب من المعلم قبل البدء بتحفيظ القرآن للطلبة ما يأتي:

1. إخلاص النية لله تعالى.
2. استشعار عظمة الأجر الذي يناله من ذلك العمل الذي يعتبر من الصدقة الجارية له بعد موته.
3. إتقان مهارة تطبيق أحكام التجويد، بالإضافة إلى المعرفة النظرية بها.
4. تطبيق آداب تلاوة كتاب الـله تعالى.
5. ممارسة حفظ بعض السور عملياً وإتباع الطرق الحديثة في الحفظ.
6. الاطلاع على الإطار النظري لآليات الحفظ والتسميع والمراجعة.
7. إعداد أوراق وسجلات خاصة بالطلبة الحفاظ.
8. الاهتمام بموضوع التعزيز لما له من دور فعال في تحفيظ الطلبة.

الوسائل المستخدمة في التحفيظ

يمكن استخدام وسائل عدة تساعد الطلبة في حفظ الآيات القرآنية، من أهمها:

1. الكتاب أو المنهاج المقرر.
2. بطاقات التعريف والتي أشرنا إليها سابقاً.
3. المسجل.
4. الداتا شو Data Show.
5. الحاسوب أو مختبر اللغة.

الأساليب العامة للتحفيظ:

1. الحفظ الفردي من قبل كل طالب.
2. أسلوب التلقين: وراء المعلم أو وراء طالب مجيد أو المسجل. وهذا يعتبر من أفضل الأساليب لما فيه من التقليد للقارئ، ولما لهذا الأسلوب من دور في تقليل نسبة الأخطاء في الحفظ، وخاصة الكلمات التي تحتاج إلى مراجعة أكثر.
3. الحفظ من خلال المجموعات، بأن تكلف كل مجموعة بحفظ آيات معينة وتقوم بتسميعها أمام المجموعة الأخرى.
4. الحفظ النصفي: بتقسيم الآيات المراد حفظها إلى نصفين، نصف يحفظه الطالب في الصف، والنصف الآخر في البيت.

خطوات تحفيظ القرآن الكريم:

إن خطوات تحفيظ القرآن الكريم لا تختلف عن الخطوات السابقة للتدريس، إلا أن هذه الخطوة بحاجة إلى صبر ومتابعة من المعلم أكثر من

الأساليب السابقة، هذا ويمكن إجمال هذه الخطوات بالآتي:

1. التخطيط الذهني المسبق: وذلك من خلال عدة أمور:

أولاً: التوزيع الزمني لتدريس الآيات: بحيث يقوم المعلم بتوزيع الآيات على مدار الفصل الدراسي حسب الأشهر المعتمدة، كالآتي:

الشهر	الأسبوع الأول	الأسبوع الثاني	الأسبوع الثالث	الأسبوع الرابع
شباط	سورة النبأ الآيات (1-16)	سورة النبأ الآيات (17-30)	سورة النبأ الآيات (31-40)	مراجعة تسميع الآيات
آذار	سورة النازعات الآيات (1-26)	سورة النازعات الآيات (27-46)	سورة النازعات	مراجعة تسميع الآيات
نيسان	سورة عبس	سورة عبس	سورة المطففين	مراجعة تسميع الآيات

ملاحظة: هذا التوزيع يعتمد على مقدار الحصص المخصصة للحفظ على مدار الأسبوع، فإذا كانت الحصص ثلاثة أسبوعياً مثلاً فيصار إلى توزيع الآيات بناء على ذلك. وهكذا.

ثانياً: وضع الأهداف مسبقاً، وهي نفس الأهداف أو النتاجات العامة التي ذكرناها سابقاً.

ثالثاً: التفكير في الوسائل والأساليب التي سوف تستخدم في التحفيظ.

رابعاً: تحضير **أدوات** التقويم التي سيقوم بها الطلاب.

2. المقدمة أو التمهيد: وذلك من خلال:

- ربط الدرس الحالي بالدرس السابق.
- تذكير الطلبة بأجر قارئ القرآن وحافظه.
- ذكر سبب النزول للآيات المراد تدريسها للطلبة.
- مناقشة الطلبة بآية أو قضية معاصرة.

3. العرض: ويكون بما يلي:

أولاً: التلاوة التوضيحية

- قراءة المعلم للآيات المراد تدريسها، أو استخدام المسجل، أو جهاز الحاسوب.
- شرح أسباب النزول للآيات، وهذه الطريقة تساعد في سرعة الحفظ عند الطلبة، فالفهم وسيلة من وسائل الحفظ السريع والمتقن للآيات، بالإضافة إلى دورها في تثبيت الحفظ.
- توزيع الآيات إلى وحدات موضوعية، بحيث لا ينتقل المعلم من مقطع الآيات إلى المقطع الذي بعده إلا بعد ضمان حفظ أغلب الطلبة له، وهذه الطريقة تساعد الطلبة على عدم التشتت.

ثانياً: التلاوة الفردية

- تلاوة المعلم للكلمات والمفردات الصعبة، والطلب من الطلبة الترديد وراءه، مثل: (أنلزمكموها، ليدحضوا...) فيعيد المعلم تلاوة الكلمات بصوت مرتفع ويقوم الطلبة بالترديد وراءه، وهذه الطريقة تساعد الطلبة في التلاوة الصحيحة للكلمات الصعبة.

- يكلف المعلم الطلبة بقراءة الآيات قراءة صامته.

- يختار المعلم بعض الطلبة المجيدين للتلاوة ويطلب منهم تلاوة الآيات بالشكل الصحيح.

- يحرص المعلم هنا على تلاوة الآيات مراعياً أحكام التجويد، حتى لو لم يفهم الطالب الحكم النظري لحكم التجويد، ويكتفى هنا بالتلاوة الصحيحة دون الوقوف على المعنى النظري لأحكام التجويد، لأن الهدف هنا هو الحفظ وليس الفهم النظري الذي يمكن تغطيته في حصص التلاوة والتجويد.

- يطلب من الطلبة حفظ أول مقطع من كل آية أو آخرها، وعمل مسابقة بين الطلبة، والهدف من هذه الطريقة هو مساعدة الطلبة على ربط الآيات ببعضها البعض.

ثالثاً: التلاوة الجماعية

- يتلو المعلم الآيات آية آية على مسامع الطلبة، ويقوم الطلبة بالترديد وراءه، وقد يقسم الطلبة إلى ثلاثة مجموعات، وتقوم كل مجموعة بترديد آية معينة وراءه.

- إخراج طالب متقن من كل مجموعة، ليقود مجموعته، بحيث يقرأ الطالب الآيات، ويقوم الطلبة بالترديد وراءه.

4. التقويم: أو ما يسمى بالتلاوة التقويمية

- إخراج عدد من الطلبة لتلاوة الآية الأولى فقط دون النظر إلى المصحف.

- يختار المعلم طالب من كل مجموعة ليصحح قراءة زميله إن أخطأ.

- استخدام أسلوب **المسابقة في عملية التقويم**، لأن هذا الأسلوب يساعد على حفظ الطلبة للآيات بطريقة ممتعة، دون إشعارهم بالملل، فيمكن أن

يقسم المعلم الطلبة إلى مجموعة، ويعطي كل مجموعة رمزاً معيناً، ويضع له بطاقة على الحائط، فكلما أخطأت المجموعة أثناء التلاوة يضع لها علامة (×) في المربع الخاص بها، وهكذا. فهذه الطريقة تجعل الطلبة حريصين على الحفظ دون أخطاء، بالإضافة إلى زيادة تركيزهم في تلاوة زملائهم، حتى يتصيدوا الأخطاء لهم.

- من الضرورة أن يضع المعلم ضوابط عامة لعملية التقييم، وتكون هذه الضوابط كقواعد لطلبته، ومن هذه الضوابط: (تحديد الشخص الذي يقوم بتصحيح أخطاء الطلاب، وإعطاء فترة كافية للطالب لتصحيح خطئه بنفسه، وكذلك ضوابط التعزيز الخاصة بالمجموعة التي لا تخطئ)

5. المراجعة:

إن لعملية المراجعة دور كبير في تثبيت الحفظ عند الطلبة، نظراً لأن هذه الطريقة تعمل على ربط الحفظ اللاحق بالحفظ السابق، وتساهم في عدم النسيان. لذلك يجب استخدام نماذج خاصة لتدوين حفظ كل طالب ومراجعته، حسب الجداول الآتية:

أولاً: بطاقة الحفظ الخاصة بكل طالب

بطاقة خاصة لكل طالب لمتابعة الحفظ

اسم الطالب	السورة	الآيات	تاريخ التسميع	التقييم	توقيع المعلم
محمد علي	آل عمران	(1-15)	2009/2/1	جيد جداً، عنده ضعف في ربط أواخر الآية بالتي بعدها	

ثانياً: بطاقات المراجعة الخاصة بكل طالب

بطاقة خاصة لكل طالب لمتابعة مراجعة الآيات

اسم الطالب	السورة	الآيات	تاريخ المراجعة	التقييم	إعادة تسميع	توقيع المعلم
محمد علي	آل عمران	(15-1)	2009/2/1	جيد جداً	الصفحات (8/4)	

ملاحظة: المراجعة تكون على فترات، كأن يراجع كل 50 آية مثلاً، أو أربعة أحزاب، أو سورة كاملة إن كانت قصيرة.

ثالثاً: أسلوب التقويم التعزيزي: أو ما **يسمى بسلم التقويم الهرمي**، حسب المعطيات الآتية:

1. يفضل استخدام هذا الأسلوب للطلبة في المراحل الدنيا فقط.
2. يخصص لكل طالب بطاقة سلم هرمي يكتب عليها المعلومات الشخصية.
3. يدون المعلم السورة التي يحفظها الطالب أو الآيات على كل دائرة أو هرم، ليصل الطالب إلى أعلى الهرم وهو نهاية الجزء المقرر مثلاً. وفائدة هذه الطريقة تتمثل فيما يلي:
   - يقف المعلم على من خلالها على مستوى حفظ طلابه أولاً بأول.
   - تفيد في التغذية الراجعة النهائية لحفظ الطلبة.
   - تعمل على تشجيع الطلبة على الحفظ من خلال إثارة روح المنافسة بينهم.
   - حصر أسماء الطلاب الذين أنهوا مقرر الحفظ، لينتقل بهم إلى مقرر آخر.

- تفيد في التقويم البنائي، حيث يستطيع المعلم حصر أسماء الطلبة المتأخرين، وعمل برنامج علاجي لهم.

نموذج لسلم التقويم التعزيزي للحفظ

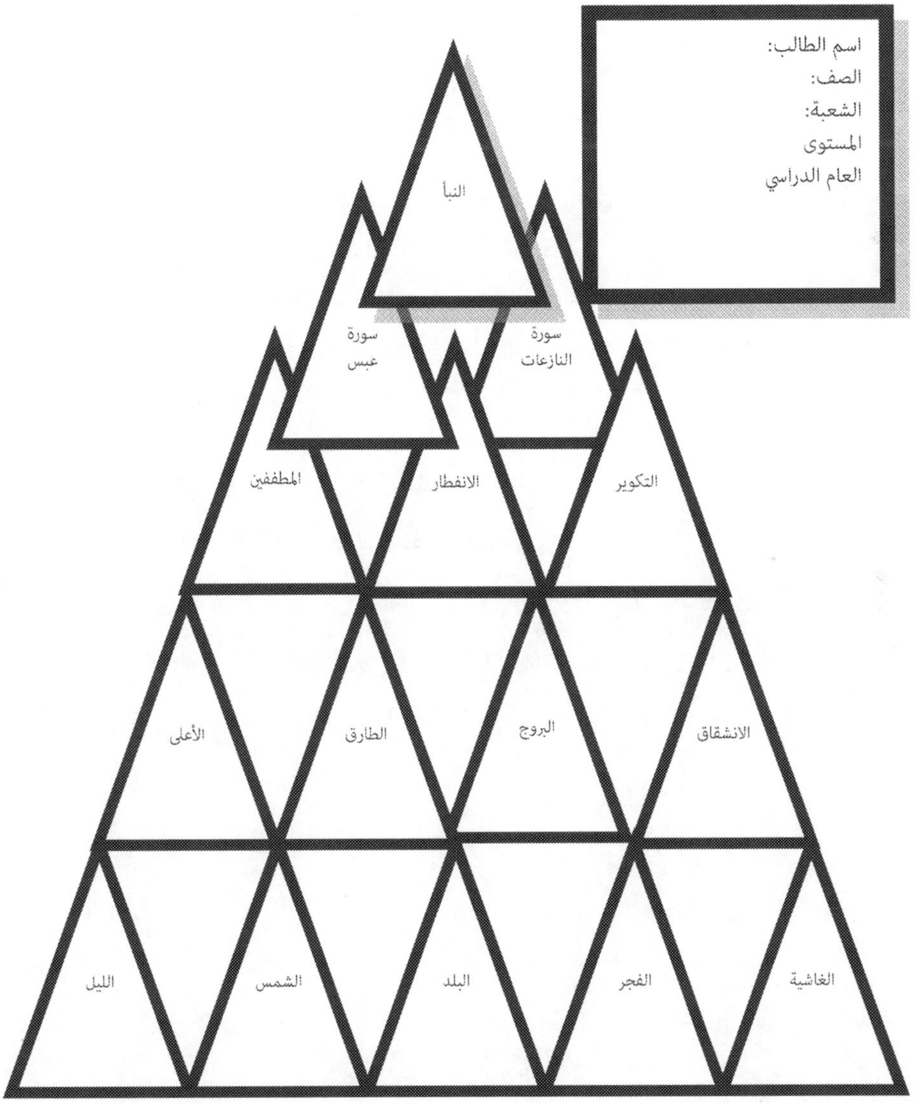

رابعاً: لوحات الحائط التنافسية

1. يكتب المعلم أسماء جميع الطلبة على لوحة حائط تعلق في غرفة الصف.
2. يكتب بجانب كل اسم الآيات المطلوب حفظها أثناء الفصل.
3. يضع نجمة أو علامة معينة لكل طالب يقوم بتسميع الآيات بالشكل الصحيح.

اسم الطالب	**سورة آل عمران**					
اسم الطالب	الآيات (15-1)	الآيات (30-16)	الآيات (45-31)	الآيات (55-46)	الآيات (56-70)	الآيات (71-90)
محمـــــد علي	❋	❋	❋	❋	❋	
ســـــائد محمود	❋	❋	❋	❋		
سمير ماجد	❋	❋	❋			
أحمـــــد خالد	❋	❋		❋	❋	

خامساً: التعلم الزمري أو من خلال الأقران: أو ما يسمى بالتوأمة أو المؤاخاة

فكرة هذه الطريقة تقوم على ما يأتي:

1. التوأمة بين طالب وآخر.
2. يحصل كل طالب منهم على نموذج متابعة الحفظ والمراجعة.
3. يعطي المعلم قواعد التوأمة لجميع الطلاب.
4. يقوم كل طالب بمتابعة زميله لمدة معينة كشهر مثلاً لحفظ سورة معينة، وتكون مهمة الطالبين بالتسميع لبعضهما، وتدوين ذلك حسب النموذج المرفق معهم.
5. تكون هناك جائزة لأفضل طالبين قاما بالحفظ.
6. هذه الطريقة قد تكون مفيدة مع الطلبة الكبار دون الصغار، لأنها بحاجة إلى من يشعر بالمسؤولية، والطلبة الصغار لا يوجد عندهم هذا الشعور نظراً لصغر سنهم.
7. يكون دور المعلم هنا هو الموجه والمتابع للطلبة، وذلك باختيار آيات معينة من مقرر الحفظ ليتأكد من حفظ الطلبة.

نموذج للحفظ من خلال الأقران (التوأمة)

بطاقة توأمة بين الطالبين (أحمد علي عامر) و (سامر خالد الآغا)

الصف: العاشر (أ)　　　الفصل الأول: 2010/2009م

سورة الرعد

موعد التسميع النهائي: 2010/2/1

السورة	الآيات	تاريخ التسميع	بحاجة إلى مراجعة	التوقيع
الرعد	(10-1)	2010/1/1		
الرعد	(20/11)	2010/1/5		
الرعد	(30/21)	2010/1/10		
مراجعة عامة لجميع الآيات	(30-1)	2010/1/15	صفحة رقم (3) فقط	
الرعد	(35-30)	2010/1/20		
الرعد	(36/ آخر السورة)	2010/1/25		
مراجعة نهائية لجميع السورة		2010/1/27	صفحة رقم (5) فقط	

التقييم النهائي من قبل المعلم:　　أداء الطالب الأول:

(ممتاز، جيد جداً، جيد، ضعيف، بحاجة إلى فرصة أخرى)

أداء الطالب الثاني:

(ممتاز، جيد جداً، جيد، ضعيف، بحاجة إلى فرصة أخرى)

6. التصحيح النهائي للحفظ

وهذه الطريقة تناسب الحفظ المتسلسل الذي يبدأ فيه الطالب من بداية المصحف أو من آخره، وهي على نوعين:

1. تحديد أرقام الصفحات التي بحاجة للمراجعة.
2. تحديد الأحزاب من كل سورة كنقطة مراجعة.

وهناك طرق أخرى لتحفيظ آيات القرآن الكريم، بعضها مناسب للطلبة الصغار، والبعض الآخر للطلبة الكبار، يمكن إجمالها بالآتي:

الطريقة	الفئة المناسبة
نصف الصفحة كل جلسة	للطلبة الصغار والكبار
صفحة واحدة كل حصة	الطلبة الكبار
ربع الحزب كل جلسة	للطلبة الكبار
الوحدة الموضوعية	للطلبة الكبار والصغار

عوامل مساعدة على الحفظ:

مهارة الحفظ من المهارات المهمة التي لها شأن عظيم عند المسلمين، وخاصة حفظ كتاب اللـه تعالى، انطلاقاً من الآيات الكريمة والأحاديث النبوية الشريفة الدالة على فضل ذلك. حتى أن السلف الصالح كانوا لا يعلمون الحديث النبوي الشريف والفقه إلا لمن حفظ القرآن الكريم [1].

(1) (الإمام النووي، أداب العالم والمتعلم والمفتي والمستفتي وفضل طلب العلم)، طنطا: دار الصحابة للتراث، 1987، ص51.

ولمساعدة الطلبة على الحفظ، فإن هناك عوامل كثيرة ينصح الأخذ بها وهي:

1. إخلاص النية لله تعالى.
2. البعد عن المعاصي والآثام، لأن هذا العلم نور، ونور اللـه لا يهدى لعاصي.
3. الحرص على الوضوء أثناء الحفظ: حيث قال تعالى :(لَا يَمَسُّهُ إِلَّا الْمُطَهَّرُونَ)[1].
4. الاقتصار على طبعة واحدة من طبعات المصحف الشريف، وهناك طبعات خاصة للحفظ، والتي تكون في نهاية كل صفحة فيها آية، أو المصاحف الملونة حسب المواضيع بحيث يلون كل موضوع من الآيات بلون معين.
5. اغتنام أوقات الفراغ والنشاط: فيجب اختيار الوقت المناسب للحفظ، مثل بداية كل حصة صفية لمدة 5 دقائق مثلاً من حصص التربية الإسلامية، أو عمل حلقة خاصة قبل بداية الدوام الرسمي بدقائق، وغيرها.
6. تحديد مقدار يومي للطالب، بحيث لا يتم تجاوزه إلى المقدار الآخر إلا بعد التأكد من حفظه من قبل الطالب.
7. مراعاة المرحلة العمرية للطلاب: لأن ما يناسب المرحلة الدنيا من الأساليب والوسائل قد لا يناسب المرحلة العليا، ويجب هنا مراعاة عمر الطالب فيما يتعلق بمستوى ومقدار الحفظ اليومي.

---

(1) سورة الواقعة، آية 79.

8. القراءة على إنسان آخر متقن للحفظ: بأن يقوم الطالب بالقراءة على شخص آخر أثناء حفظه في البيت مثلاً كوالده أو أمه، والهدف من هذا الأمر هو تصحيح القراءة وتأكيد الحفظ.

9. الكيف لا الكم: فحفظ قليل متقن خير من كثير غير متقن.

10. الربط: وذلك من خلال ربط آخر كل آية بما بعدها برابط من عند الحافظ يساعده على الحفظ المتواصل للآيات مثل: رابط الكلمات أو الأحرف أو المعنى.

11. التكرار: عن طريق القراءة المتكررة للآيات التي تعمل على تثبيت الحفظ.

12. فهم الآية يساعد على حفظها: وذلك من خلال بيان معاني المفردات الصعبة، وذكر سبب نزول الآيات...وغيرها.

13. الربط المادي أثناء الحفظ: بأن يقوم الطالب بربط الآيات بواقع الحياة مثلاً، كإنزال المطر من السماء والذي يؤدي إلى إحياء الأرض بعد موتها، ثم خلق الجبال، وخلق الإنسان.

14. التفسير: وخاصة في الآيات المتشابهة، وذلك ببيان أسباب ورود كلمات معينة دون غيرها في آية، وورودها بشكل مختلف في آية أخرى، فببيان الحكمة من ذلك تساعد الطالب على الحفظ المتقن للآيات.

15. الكتابة: "وهي من أجل وسائل الحفظ، بحيث يقوم الحافظ بكتابة الورد اليومي في دفتر خاص مرة أو مرات عدة، وخاصة الآيات التي يصعب حفظها، أو الآيات المتشابهة. وقد ثبت عند أهل الطب أن اليد لها ذاكرة تخصها، كما أن للذهن ذاكرة، ويتذكر المرء ما كتبه"[1].

---

(1) حواس، عبد الفتاح، 2008، (لباب التصانيف في ترتيل المصحف الشريف) الطبعة الأولى، دار عمان للنشر والتوزيع، عمان، الأردن، ص: 43.

الفصل الثاني

الفروق الفردية في تدريس فروع التربية الإسلامية

مراعاة أنماط التعلم.

نظرية الذكاءات المتعددة في التدريس.

الفروق الفردية في دروس التربية الإسلامية

هل هناك فروق فردية بين الطلاب فعلاً؟ وإذا كانت موجودة فما فمعناها؟ وكيف يمكن للمعلم مراعاتها بين طلبته ليضمن إيصال المعلومات لجميع طلبته؟

إن العامل في حقل التدريس يلحظ وجود فروق بين الطلاب فيما يتعلق بالتعلم، من حيث سرعة الاستجابة، والقدرة على التعبير، والاستيعاب، والفهم، وغيرها من الصفات، الأمر الذي يدل على وجود فروق بينهم، وبعبارة أخرى: ليس جميع الطلبة بمستوى واحد.

> معنى الفروق الفردية: أن لكل إنسان مستوى معين من الاستيعاب والفهم والذكاء يختلف عن الآخر وبدرجات متفاوتة تميزه عن غيره وعلى المعلم مراعاة هذه المستويات.

كيفية مراعاة الفروق الفردية بين الطلاب؟

حتى يخرج المعلم بمخرجات جيدة، يجب عليه أن يفكر جيداً قبل تخطيطه للدرس، بكيفية مراعاة الفروق الفردية بين طلبته، وحتى يقوم المعلم بذلك لا بد له من أن يراعي جانبين مهمين:

الأول: مراعاة أنماط التعلم عند طلبته:

والثاني: مراعاة ما يسمى بالذكاءات المختلفة.

أنماط التعلم عند الطلبة: بمعنى أن لكل طالب نمط معين من التعلم يفضله على غيره من الأنماط، فبعض الطلاب يفضل نمط التعلم الكتابي فينبغي للمعلم مراعاة هذا الأمر، وبعضهم يفضل نمط التعلم القرائي، وبعضهم يفضل نمط التعلم التعبيري وهكذا، يجب على المعلم محاولة اكتشاف نمط التعلم الذي

يفضله كل طالب من طلبته، ثم العمل على تنميته.

الذكاءات المتعددة

ما هي الذكاءات المتعددة؟

هي نظرية تطورت في جامعة هارفرد نتيجة للأبحاث التي أجراها فريق من الباحثين بقيادة (Gardner, 1983) وتنص هذه النظرية على: أن الإنسان قادر على أن يتعلم ويعبر عن وجهة نظرة بطرق متعددة، ويرى جاردنر: أن الذكاء عدة أنواع وليس نوعًا واحدًا، وأن الإنسان يستخدم أنواع الذكاء المختلفة في حل المشكلات، وفي إنتاج أشياء جديدة، وأن تنمية أنواع الذكاء المختلفة ممكنة طوال العمر إذا استخدم الإنسان الوسائط والخبرات المناسبة[1].

أنماط الذكاءات المتعددة

ذكر (Gardner, 1983) ثمانية أنواع من الذكاءات[2]، سأبينها في هذا الجدول مع ذكر مفهوم كل نوع منها، وصفات المتعلمين، بالإضافة إلى استراتيجيات التدريس الخاصة بكل نوع والتي اقترحها توماس آرمسترونج (Armstrong,2000)[3] في كتابه (الذكاءات المتعددة في الغرفة الصفية). ، وسأوظف ذلك عملياً في دروس التربية الإسلامية.

---

(1) عزمي عمران يوسف عدوي، 2008، أثر تطبيق حقيبة تعليمية قائمة على أساس الذكاءات المتعددة في تحصيل طلبة الصف الخامس الأساسي في مادة اللغة العربية في مدارس الرواد بعمان، رسالة ماجستير غير منشورة، الجامعة الأردنية، عمان الأردن، ص8.

(2) Gardner, H. (1983), Frames of Mind: the Theory of Multiple Intelligence

(3) Armstrong, T. (2000),**Multiple Intelligence in the Classroom** , 2 nd ed. Alexandria, VA:ASCD.

أولاً: الذكاء اللغوي			
المفهوم	صفات المتعلمين	أنشطة إثرائية	استراتيجيات التدريس
وهو التميز في استعمال اللغة والإقبال على أنشطة القراءة والكتابة ورواية القصص والمناقشة مع الآخرين، مع إمكانية الإبداع في الإنتاج اللغوي أو الأدبي وما يتصل بذلك (شعر، قصة الخ). والوسيلة المفضلة للتعلم لدى أصحاب هذا الذكاء	- يحبون القراءة والكتابة، وسرد القصص. - ويرغبون بحفظ أسماء الأماكن، والتواريخ، والأسماء، وهم يستطيعون حفظ الآيات والأحاديث. - يمتلكون قراءة فائقة على إعادة سرد كل	- دورات الحفظ (مثل حفظ آيات من كتاب الـلـه، وبعض الأحاديث) - مسابقة لأفضل صوت يقرأ القرآن	● القصّ Storytelling: ينبغي أن ينظر إلى القصص كأداة تدريس حيوية، وحين نستخدم حكاية القصص في حجرة الدراسة تنسج فيها المفاهيم والأفكار والأهداف التعليمية الأساسية التي ندرسها للطلبة مباشرة. مثل: قصص السيرة النبوية وحياة الصحابة والتابعين. ● العصف الذهني Brainstorming: أثناء العصف الذهني ينتج الطلبة وابلا من الأفكار اللفظية، التي يمكن جمعها

هي القراءة والاستماع. ويمثل التفوق في هذا الذكاء الكتاب والشعراء والصحفيون والخطباء الخ.	شئ سبق وإن أخبرتهم به كلمة كلمة. - ويتعلمون بشكل أفضل عن طريق القول، والسماع، ومشاهدة الكلمات.	- الكريم على الإذاعة مثلاً أو أمام لجان خاصة، أو ضمن تسجيل صوتي.	وإثباتها على السبورة أو على شفافية. • التسجيل الصوتي Tape Recording: إنّ المسجل يحتمل أن يكون أكثر أدوات التعلّم قيمة في أي حجرة دراسية؛ لأنه يقدم للتلاميذ وسيطا يعبرون من خلاله عن قدراتهم اللغوية، مما يساعدهم على استخدام مهاراتهم اللفظية في التواصل وحلّ المشكلات، والتعبير عن مشاعرهم الداخلية. مثال: تسجيل صوتي لأجمل الأصوات في قراءة القرآن الكريم. • كتابة اليومياتJournal Writing: إنّ الاحتفاظ بدفتر يوميات يتطلب من الطلبة الاندماج في كتابة يوميات مستمرة

			وتسجيلها في مجال نوعي، ويمكن أن يكون المجال عريضا ومفتوح النهاية، أو محددا تماما. وتحتوي على رسوم ونصوص وخرائط وصور وحوارات وغيرها. • النشر Publishing: في حجرات الدراسة التقليدية تسلم الأوراق التي تتم كتابتها وتصحح ثم يتم التخلص منها، مما يشعر المتعلم بنوع من الروتين غير المجدي، ولكن لما يتم نشر ما تم كتابته وتوعية الطلبة لضرورة توصيل هذه الكتابات إلى غيرهم والتأثير فيهم عن طريق نشرها عليهم وتوزيعها بينهم.

ثانياً: الذكاء الرياضي-المنطقي			
المفهوم	صفات المتعلمين	أنشطة إثرائية	استراتيجيات التدريس
وهو التميز في القدرة على استعمال التفكير الرياضي والمنطقي والإقبال على دراسة الرياضيات وعلى حل المشاكل ووضع الفرضيات واختبارها وتصنيف الأشياء	- مثل هذا النوع يتميز الطلاب في حل المسائل الحسابية، والاستمتاع بحل المشكلات، ويحبون الأسئلة المتعلقة بالأشياء ومدى ارتباطها وعلاقاتها فيما بينها. - يتعلم الطلاب من خلال التصنيف،	مسابقة ثقافية بين الطلاب حول مسائل حسابية تتعلق بالزكاة، أو الميراث، أو الطلاق...وغيرها.	• استخدام الحسابات Calculations: ينبغي تشجيع المعلمين على اكتشاف الفرص ليتحدث المتعلمون بالأرقام داخل الرياضيات والعلوم وخارجها، فمادة التربية الإسلامية مثلاً قد تركز على نحو منتظم على إحصائيات هامة: الأرواح التي فقدت في الغزوات والمعارك ومقارنتها ببعضها والاستنتاجات التي تستنتج منها. مثل: عدد المسلمين في غزوة بدر، ثم أحد، ثم أثناء فتحهم مكة.

واستعمال المفاهيم المجردة الخ. وتبعا لهذا، فإن الوسيلة المفضلة للتعلم لدى أصحاب هذا الذكاء هي استعمال الرموز وتصنيف الأشياء وربط علاقات بين المفاهيم. ويمثل التميز في هذا الذكاء المتفوقون في الرياضيات والهندسة.	والتنويع، والعمل من خلال الأشياء المجردة، أو العلاقات بين الأشخاص.		• التصنيف والوضع في فئات Classification and Categorizations: يمكن إثارة العقل المنطقي بالمعلومات اللغوية أو المنطقية أو الرياضية أو المكانية متى ما وضعت في نوع من الأطر العقلانية. • طرح الأسئلة السقراطية Socratic Questioning: إنّ حركة التفكير الناقد قد وفرت بديلا هاما للصور التقليدية للمدرس باعتباره موزعا للمعرفة. وفي السؤال السقراطي يقوم المعلّم بدور السائل للتلاميذ عن وجهات نظرهم، وبدلا من التحدث مع الطلبة، يشارك المعلم في حوارات معهم مستهدفا الكشف عن الصواب والخطأ في معتقداتهم.

			• موجهات الكشف Heuristics: إنّ موجهات الكشف تشير إلى مجموعة غير محبوكة من الاستراتيجيات، وإلى قواعد قائمة على التجربة وتوجيهات ومقترحات لحل المشكلات المنطقية، ومن أمثلة هذه الإستراتيجية العثور على مماثلات للمشكلة التي نرغب في حلها، أو تفكيك وفصل الأجزاء المختلفة للمشكلة. • التفكير العلمي Science Thinking: ينبغي أن نبحث عن الأفكار العلمية في مجالات غير العلوم كأن يدرس الطلبة تأثير الأفكار العلمية في التربية الإسلامية، كتأثير الزواج العرفي على المجتمعات، وتأثير الزواج من الأقارب مثلاً.

ثالثاً: الذكاء المكاني (الفضائي)			
المفهوم	**صفات المتعلمين**	**أنشطة إثرائية**	**استراتيجيات التدريس**
وهو التميز في القدرة على استعمال المكان أو الفضاء بشتى أشكاله، بما في ذلك قراءة خرائط المعارك والغزوات مثلاً، والجداول والخطاطات وتخيل الأشياء وتصور المساحات الخ. وتتمثل هذه القدرات في أنشطة مفضلة منها التصوير وتلوين الأشكال المصورة	الطلبة هنا مشاهدون، ويمضون معظم اليوم وهم يحلمون، ويراقبون الأفلام ويبقون بعيدون قدر الإمكان عن الحقيقة. ويحبون أيضاً استخدام الألوان والصور، وبعضهم قد يتفنن	على المعلم هنا أن يطلب من الطلبة رسم صورة تجعلهم قادرين على التعبير عن مشكلة معينة، أو رسم خريطة لغزوة الخندق مثلاً ثم الطلب	• التصور البصري Visualization: من أيسر الطرق لمساعدة الطلبة على ترجمة مادة الكتاب والمحاضرة إلى صورة؛ أن يغمض المتعلم عينيه وأن يتصور ما درس. • استخدام اللون: هناك عدة طرق لاستخدام اللون كأداة تعليم كأن يستخدم المعلم الطباشير الملونة والأقلام اللامعة والأوراق الملونة. • المجازات المصورة Picture Metaphors: المجاز هو استخدام فكرة للإشارة إلى أخرى والصورة المجازية تعبر عن فكرة في صورة

وبناء الأشياء والتمعن في الأماكن، مع الإبداع في بعض هذه المجالات أو كلها. ولعل أحسن مثال على هذا النوع من الذكاء هو المهارة التي تتوفر لدى الفنان التشكيلي أو المهندس أو صانع الديكور أو الصانع التقليدي.	بالرغم من الصعوبات التي تواجههم، فهم بهذا بحاجة إلى تشجيع.	إليهم ما يستنتجوه منها. مسابقة لأجمل تعليق على قصة معينة. رسم معين لحادثة مع كتابة أفضل تعليق وقراءة ذلك في إذاعة المدرسة.	• بصرية، ويقترح علماء نفس النمو أن الأطفال هم سادة المجاز والاستعارة والمؤسف أن هذه القدرة كثيرا ما تتضاءل مع تقدم الأطفال في العمر. لذا على المربين استثمار هذه القدرات الكامنة لدى طلابهم، واستثارتها بشكل مستمر. • رسم تخطيطي للفكرة Idea Sketching: إن مراجعة مذكرات كثير من البارزين في التاريخ عن فهم، مثل: (داروين وأديسون وفورد)، تبين أن هؤلاء الناس قد استخدموا الرسومات البسيطة لتنمية كثير من أفكارهم القوية، وينبغي أن يدرك المعلّمون قيمة هذا النوع من التفكير البصري في مساعدته للتلاميذ على تحديد فهمهم للمادة الدراسية.

			• الرموز المرسومة Graphic Symbols: من أقدم استراتيجيات التدريس التقليدية تلك التي تتطلب كتابة الكلمات على سبورة، وأقل من ذلك من حيث الشيوع بعد المدرسة الابتدائية رسم صورة على السبورة، على الرغم من أن الصور قد تكون هامة جدا لفهم الطلبة ذوي الذكاء المكاني. وترتيبا على ذلك فإن المعلّمين الذين يستطيعون أن يدعموا تدريسهم بالرسومات والرموز البيانية والتوضيحية والتصويرية وكذلك بالكلمات قد يبلغون مدى أوسع من المتعلمين، وهذه الإستراتيجية تتطلب ممارسة الرسم _على الأقل_ في جزء من الدروس.

رابعاً: الذكاء الجسمي-الحركي			
المفهوم	**صفات المتعلمين**	**أنشطة إثرائية**	**استراتيجيات التدريس**
وهو التميز في كل ما يتصل باستعمال الجسد من العاب رياضية ومسرح وأشغال يدوية وتوظيف الأدوات المهنية، الخ. وتبعا لهذه الأنشطة، فإن التعلم المفضل لدى أصحاب هذا الذكاء هو الذي يتم عن طريق المناولة العملية والتحرك والتعبير الجسدي	المتعلمون هنا دائمو الحركة، يحبون لمس الأشياء بشكل دائم، ويستخدمون لغة الجسم للتعبير عما في داخلهم، ولا يحبون القراءة والجلوس بشكل كبير.	دور المعلم هنا: أن يعلمهم دروس اللفظ مثلاً وهم في بركة السباحة، أو اصطحابهم إلى مخيمات للتعلم عن الغزوات والمعارك، وبهذا يستطيعون عمل أكثر من شئ في وقت واحد.	وتظهر الاستراتيجيات الآتية مدى سهولة تحقيق التكامل بين أنشطة التعلّم الحركي وأنشطة التعلّم التي نضع أيدينا عليها والمواد الأكاديمية التقليدية كالتربية الإسلامية: ● إجابات الجسم: Body Answers: والأكثر استخداما لهذه الإستراتيجية أن نطلب منهم رفع أيديهم دلالة على الفهم، ويمكن تنويع هذه الاستراتيجيات بعدد من الطرق، فبدلا من رفع الأيدي يستطيع الطلبة أن يبتسموا، وبرفع الأصابع (إصبعا واحد ليبين فهما قليلا،

واستعمال الحواس المختلفة، الخ.		مسابقة تمثيلية عن إسلام بعض الصحابة كعمر بن الخطاب رضي اللـه عنه مثلاً أو غيره. مثيل مسرحي لغزوة أحد بمشاركة الطلبة.	وأصابع خمسة ليظهر فهما تاما). • مسرح غرفة الصف The Classroom Theater: لكي نظهر الممثل الموجود في كل طالب، فنطلب منهم تمثيل حركي للنصوص والقصص والسير وغيرها من المواد التي عليهم تعلمها، أو عن طريق لعب الدور الذي يتناول المحتوى (التمثيل) وخاصة في كثير من المعارك والحروب والغزوات وقصص إسلام بعض الصحابة، وعلى سبيل المثال، قد يمثل الطلبة مسألة حسابية تتعلق بالزكاة تتطلب ثلاث خطوات لحلها بإعداد وتمثيل مسرحية من ثلاثة فصول. • مفاهيم حركية Kinesthtic Concepts:

			• يطلب من الطلبة التعبير بالإيماءات عن مفاهيم محددة أو عن ألفاظ الدرس، ويتطلب هذا النشاط من الطلبة أن يترجموا المعلومات من نظم رمزية لغوية أو منطقية إلى تعبيرات جسمية حركية صرفة. • اليدان على التفكير Hands on Thinking: الطلبة الذين يظهرون علامات على الذكاء الجسمي الحركي، ينبغي أن تتاح لهم الفرص ليتعلموا بتناول الأشياء، أو بصنع الأشياء بأيديهم.

خامساً: الذكاء الصوتي			
المفهوم	**صفات المتعلمين**	**أنشطة إثرائية**	**استراتيجيات التدريس**
وهو القدرة المتميزة على تعرف الأصوات وتذوق الأنغام وتذكر الألحان والتعبير بواسطتها. ولذلك فإن أصحاب هذا الذكاء يحبون الإنشاد وترديد الأنغام؛ كما أنهم يفضلون التعلم عن طريق الغناء والإيقاع	هؤلاء متميزون في حفظ الألحان، فهم يستطيعون التعلم من خلال اللحن، والموسيقى، ويكون دور المعلم هنا أن يطلب منهم كتابة أنشودة عن الدرس (على شكل قصة)، أو بتعليمهم إحدى الأناشيد وهكذا.	عمل مسابقة تتضمن أفضل تلحين لأنشودة معينة. مسابقة قرآنية لتلاوة سور معينة من القرآن الكريم. مسابقة بعنوان **الطفل القارئ**، وذلك باختيار مجموعة من الطلاب بحيث يقرأ كل طالب منهم في إذاعة المدرسة، وتقوم لجنة خاصة بتقييم أفضلهم. مسابقة لأفضل تسجيل صوتي على شريط	• إيقاعات، نشيد Rythms Raps: كأن نأخذ جوهر ما ندرسه ونضعه في منظومة شعرية أو منظومة ذات لحن تصلح للإنشاد. • جمع الاسطوانات على سبيل المثال عندما

واللحن. وتمثل التفوق في استعمال هذا الذكاء الإنجازات التي يحققها أصحاب الفنون الموسيقية من ملحنين ومغنيين وعازفين ومنشدين...		يتضمن قراءة قرآن أو أنشودة...	• • ندرس درسا المعارك والغزوات، نقوم بجمع ما يتصل بهذا الموضوع من أناشيد وألحان وإيقاعات.

سادساً: الذكاء البيشخصي (الاجتماعي)			
المفهوم	صفات المتعلمين	أنشطة إثرائية	استراتيجيات التدريس
وهو الذكاء الذي يتجلى في القدرة على ربط وتمتين علاقات إيجابية مع الغير وعلى التفاعل مع الناس وفهمهم ولعب أدوار قيادية ضمن المجموعات وحل الخلافات بين الأفراد. وتبعا لذلك فإن أصحاب هذه القدرة يحبون التواصل مع الناس وكسب الأصدقاء والتحدث وسرد القصص والنكت داخل المجموعات؛ كما أنهم يفضلون التعلم عن طريق التواصل	إنهم اجتماعيون، يتكيفون مع المواقف الاجتماعية بسرعة، ولديهم الكثير من الأصدقاء، وهم قادة ناجحون، ويتميزون	إنشاء مجالس الأندية الطلابية وتأهيل قادة لهذا الأمر. تشكيل لجان الدعوة والإرشاد. اليوم الطلابي المفتوح من قبل بعض الطلاب.	• مشاركة الأقران Peer Sharing: يحتمل أن تكون المشاركة من أسهل استراتيجيات الذكاء المتعدد في التنفيذ، وكل ما نحتاجه أن نقول للطالب استدر نحو شخص قريب منك واشترك معه في حل مشكلة الدرس. • تماثيل الناس People Sculptures: إذا كان الطلبة

المستمر مع الغير والعمل الجماعي والتعاوني. ويمثل التفوق في هذا النوع من الذكاء الأفراد الذين حققوا نجاحات واضحة في العلاقات الإنسانية، والتواصل البشري؛ ومن هؤلاء نذكر قادة الأحزاب السياسية والنقابات والعشائر والفكاهيون الخ...	بالصبر، والتفهم، وهم بهذه الصفات محبوبون من قبل الآخرين.	مسابقة لأفضل مجموعة من الطلاب تساهم في جمع التبرعات للفقراء. المشاركة في مجالس الضبط في المدرسة. تأهيل بعض الطلبة للمشاركة في حل المشاكل الدراسية.	يدرسون الهيكل العظمي فهم يستطيعون أن يبنوا نموذجا للهيكل العظمي، حيث يمثل كل شخص عظمة أو مجموعة من العظام. • المجموعات التعاونية Cooperative Groups: إن استخدام المجموعات التعاونية لتحقيق أهداف تعليمية مشتركة هو المكون المحوري للتعلم التعاوني.

سابعاً: الذكاء الذاتي (الوجودي)			
المفهوم	**صفات المتعلمين**	**أنشطة إثرائية**	**استراتيجيات التدريس**
وهو الذكاء الذي يتمثل في القدرة على معرفة النفس والتأمل في مكوناتها ومواطن ضعفها وقوتها؛ وهي القدرة التي تدفع صاحبها إلى تفضيل العمل الانفرادي وإلى التعلم عن طريق العمل المستقل والمشاريع التي تحمل طابعا ذاتيا ووفق إيقاع خاص.	هؤلاء أقوياء يحبون العمل بمفردهم، وهم فخورون بأنفسهم ومستقلون ويعتمدون على أنفسهم. ويكون أداؤهم أفضل في التعليم المفرد، والمشاريع الفردية والعمل لوحدهم. دور المعلم هنا: أن يسمح لهم بأن يكونوا أنفسهم ويواصل تشجيع	مسابقة لأفضل مجسم خاص بدروس التربية الإسلامية. مسابقة لأفضل مقالة عن موضوع معين كالأخوة مثلاً.	• فترات تأمل لمدة دقيقة: أثناء الدروس ينبغي أن يتاح للتلاميذ وقت مستقطع للتأمل والتفكير. • الروابط الشخصية Personal connections: يصاحب الطلبة ذوي الذكاء الشخصي العالي سؤال كبير وهو كيف يرتبط كل هذا التعليم بحياته؟ وهذه الإستراتيجية تقتضي منك أن تنسج وتربط التداعيات الشخصية والمشاعر والخبرات مع تعليمك

وتبعا لهذا، فإن المتميزين في هذا النوع من الذكاء هم الذين يبدعون في مجال التأمل الذاتي وفي التحليل النفسي وفي الكتابات السيكولوجية أو الشخصية.	مهاراتهم الاجتماعية..وغيرها.	أفضل بحث أو تقرير. مسابقة لأفضل طالب يتميز في جمع الصدقات للفقراء.	وتستطيع أن تعمل هذا بطرح أسئلة مثل: (كم منكم حدث في حياته كذا..؟) • وقت الاختيار choice Time : إن إتاحة الفرص للاختيار مبدأ أساسي للتدريس الجيد كما أنه إستراتيجية تدريس خاصة للذكاء الشخصي. (Armstrong,2000)

ثامناً: الذكاء الطبيعي			
المفهوم	صفات المتعلمين	أنشطة إثرائية	استراتيجيات التدريس
وهو القدرة على التعامل مع الطبيعة بما فيها من أشجار ونباتات وحيوانات وطيور واسماك، الخ. ويتجلى التميز في هذا المجال في حب التجول في الطبيعة وجمع الأشياء الحية والميتة الموجودة فيها وتصنيفها والإطلاع على أصولها وأوصافها وخصائصها؛ أما التعلم لدى الأشخاص ذوي هذا النوع من الذكاء.. وتبعا لهذا فإن التميز في هذه القدرة	- نشطين، باحثين، مستكشفين، يبحثون عن إجابات واضحة ودقيقة من خلال الطبيعة. - مغامرين، ومثابرين.	مشاريع تربط الشخص مباشرة بالطبيعة ومكوناتها وملامسة الأشياء.	• فترات تأمل لمدة دقيقة: أثناء المحاضرات ينبغي أن يتاح للتلاميذ وقت مستقطع للتأمل والتفكير. • الروابط الشخصية Personal connections: : يصاحب الطلبة ذوي الذكاء الشخصي العالي سؤال كبير وهو كيف يرتبط كل هذا التعليم بحياته؟ وهذه الإستراتيجية تقتضي منك أن تنسج وتربط التداعيات الشخصية والمشاعر والخبرات

يتمثل في أعمال العلماء الطبيعيين والمختصين في عالم البحر والنباتات والغابات وما إلى ذلك.	- مبادرين للعمل غير متكلين على غيرهم.		مع تعليمك وتستطيع أن تعمل هذا بطرح أسئلة مثل: (كم منكم حدث في حياته كذا..؟) • وقت الاختيار choice Time : إن إتاحة الفرص للاختيار مبدأ أساسي للتدريس الجيد كما أنه إستراتيجية تدريس خاصة للذكاء الشخصي.

كيف نتعلم موضوعاً معيناً أو درساً معيناً وفقاً لنظرية الذكاءات المتعددة؟

لكي تتعلم موضوعاً معيناً، يجب علينا ما يلي:

1. تحديد نوع المتعلم.
2. تحديد أسلوب التعلم والذي يساعد على مراعاة الفروق الفردية بين المتعلمين.
3. تنسيق الدرس بما يتلاءم مع طريقة التعلم.

مثال: إذا كان طالب متعلم لغوي، فإنه باستطاعتنا إدخال عدد من الروايات في المنهاج، كما يمكننا تشجيع قراءة القصص القصيرة لشرح وإيضاح التطورات العملية، أو السماح للطالب بإعادة كتابة مسألة رياضية صعبة ضمن مشكلة في قصة. فإذا ما كان الطالب منطقياً، فإننا بحاجة لتضمين لوحات وجداول ورسوم توضيحية.

ملاحظات عامة:

إنّ أي إستراتيجية مهما كانت متميزة في التدريس، فإنها_ حسب نظرية الذكاءات المتعددة _ لا تخدم كافة الفئات الطلابية إذا اقتصر الاستخدام عليها فقط. هذا بسبب وجود فروق فردية بين المتعلمين يعزى إلى تباين أنواع الذكاءات بينهم. من هنا جاءت فكرة استخدام مدى واسع من الاستراتيجيات لتلاءم كافة الفئات من المتعلمين.

تقترح النظرية أنه لا توجد مجموعة واحدة من استراتيجيات التدريس تناسب جميع فئات الطلبة في جميع الأوقات، حيث أن لدى جميع الطلبة نزعات مختلفة في الذكاءات، ومن هنا فإن أي إستراتيجية معينة يحتمل أن تكون ناجحة نجاحاً عالياً مع مجموعة من الطلبة وأقل نجاحاً مع مجموعة أخرى [1].

---

(1) حسين، محمد عبد الهادي (2005)، مدرسة الذكاءات المتعددة،(ط1)، فلسطين: دار الكتاب الجامعي.

الفصل الثالث

التفكير الناقد في دروس التربية الإسلامية

- تطبيقات عملية-

التفكير الناقد وتطبيقاته العملية في دروس التربية الإسلامية

إن مصطلح التفكير الناقد يعد من أكثر المصطلحات التربوية التباساً، ولذلك يساء استعماله من قبل الكثير من التربويين عند محاولتهم وصف عمليات التفكير ومهاراته، وبالتالي يجعلهم يستخدمونه في عالم الواقع للتعبير عن معان عدة أهمها أسلوب حل المشكلات، التفكير التأملي، التفكير التحليلي، التفكير الواضح، التفكير المنطقي، التفكير المستقبلي، كشف العيوب والتمييز والتناقض[1]. وعند مراجعة الكاتب لبحوث الأدب التربوي، وجد أن التربويين والباحثين قد تطرقوا إلى مفهوم التفكير الناقد بشكل موسع، خاصة مع وجود تعريفات كثيرة له.

* فقد ذكر (Moor and Parker, 2002)[2] أن التفكير الناقد هو عبارة عن الحكم الحذر والمتأني لما ينبغي علينا قبوله أو رفضه أو تأجيل البت فيه حول مطلب ما أو قضية معينة، مع توفر درجة من الثقة لما نقبله أو نرفضه.

* التفكير الناقد بعض مهاراته مرتبطة بفحص الحلول وتقييمها، ومنها ما هو مرتبط بحل المشكلات أو التحقق من الشيء بالاستناد إلى معايير متفق عليها مسبقاً، وهو بذلك يتطلب استخدام المستويات المعرفية العليا الثلاث في تصنيف بلوم وهي التحليل والتركيب والتقويم[3].

---

(1) جروان، فتحي عبد الرحمن (2002)، تعليم التفكير مفاهيم وتطبيقات، عمان: دار الفكر للنشر والتوزيع.

(2) سعادة، جودت أحمد (2003)، تدريس مهارات التفكير مع مئات الأمثلة التطبيقية، عمان: دار الشروق للنشر والتوزيع.

(3) الخليلي، أمل عبد السلام (2005)، الطفل ومهارات التفكير، (ط1)، عمان: دار صفاء للنشر والتوزيع.

* هو عبارة عن تقويم المعلومات التي يواجهها الفرد باستخدام التفكير التأملي العقلاني الذي يقوم على وضوح السبب الذي يقدمه الفرد حول ما يعتقده أو يعمل به، ويضم مجموعة من المهارات التي يأخذ كل منها عند الممارسة منحنى نظامياً محدداً، مدخلاته الأهداف وعملياته مجموعة من الإجراءات والقواعد التي تتضمن عدداً من المعايير يتم الحكم في ضوئها بواسطة الأدلة الموضوعية، أما اتجاهاته فهي عبارة عن مجموعة من السمات الشخصية كاليقظة والانتباه وحب الاستطلاع والصبر حتى تتضح النتائج[1].

من التعريفات السابقة نلحظ ما يأتي:

1) التفكير الناقد هو مفهوم مركب يتداخل مع مفاهيم تربوية تفكيرية أخرى، حيث ينظر إليه أحياناً على أنه التفكير المنطقي أو الاستقصاء، أو التفكير الإبداعي، ويجعل كل ذلك على أساس أنها مترادفات كشيء واحد بالرغم من الاختلافات الجوهرية بينهما[2].

2) التفكير الناقد ليس مرادفاً لاتخاذ القرار أو حل المشكلة وليس مجرد تذكر أو استدعاء بعض المعلومات، كما أنه ليس مرهوناً باتباع إستراتيجية منظمة لمعالجة الموقف.

3) التفكير الناقد يستلزم إصدار حكم من جانب الفرد الذي يمارسه.

4) يحتاج التفكير الناقد إلى مهارة في استخدام قواعد المنطق والاستدلال.

5) ينطوي على مجموعة من مهارات التفكير التي يمكن تعلمها والتدرب عليها وإجادتها.

---

(1) الخليلي، المرجع نفسه.

(2) المصري، قاسم محمد (2003)، تعليم التفكير في الدراسات الاجتماعية، (ط1)، عمان: مطبعة الروزانا.

6) يوجد بعدان مهمان للتفكير الناقد، يشمل الأول البعد المعرفي ويتفرع عن هذا البعد شقان: الشق الأول يتعلق بالمعرفة والأساس، ويختص الشق الثاني بالمهارة.

7) يتضمن التفكير الناقد عدداً من السمات التي يجب توافرها في الفرد الناقد، والتي تمثل بدورها الاتجاهات التي تشكل إحدى مكوناته.

8) يفترض مفهوم التفكير الناقد أن كل المعلومات التي يواجهها الفرد لم تخضع للتقويم طوال حياته، ويتضح ذلك من خلال الإصرار على عملية التقويم في معظم التعريفات.

9) لا يتم الحكم على نتيجة معينة أو عبارة محددة عند القيام بإحدى مهارات التفكير الناقد إلا في ضوء معايير معينة وأدلة وبراهين عديدة.

10) لا تعتبر معظم التعريفات السابقة أن التفكير الناقد عملية منفصلة محددة كنظام الاسترجاع أو الاستنتاج، ولا عملية واسعة كحل المشكلة أو تشكيل المفهوم، بل هو محصلة لسلسة من العمليات المعرفية نواتجها مجموعة من المهارات[1].

11) التفكير الناقد هو نشاط عقلي يمارس فيه الفرد استخدام عقله، ويفكر في الأسباب والمسببات وإعطاء تفسير وحكم[2].

نستطيع من خلال التعريفات السابقة أن نعرف التفكير الناقد، بأنه ذلك التفكير الذي يتطلب من الفرد القيام بمهارات محددة واضحة مثل مهارة التحليل والاستنتاج والربط والاستدلال ليستطيع من خلال الحكم بناء على معايير معينة.

---

(1) الخليلي (2005)، مرجع سابق.

(2) المصري (2003)، مرجع سابق.

مهارات التفكير الناقد

عند مراجعة الأدب التربوي المتعلق بالتفكير الناقد، وجد أن الباحثين قد وضعوا مهارات متعددة لمثل هذا النوع من التفكير. خاصة مع وجود تداخل كبير بين مصطلح التفكير الناقد وبين مصطلحات التفكير الأخرى، وبالذات إستراتيجية حل المشكلات، فإن البعض يراهما وجهان لعملة واحدة. فمعرفة المهارات المختلفة للتفكير الناقد تساعدنا على التمييز بينه وبين مصطلحات التفكير الأخرى.

إن التفكير الناقد يقوم على مبدأ التقييم لموضوعات معينة أو موضوعات قائمة، بينما إستراتيجية حل المشكلات تنطلق من مشكلة مفترضة وكيف يمكن التوصل لحلها؟. كما أنه في إستراتيجية حل المشكلة لا بد أن تسير وفق قواعد وإجراءات محددة ومتتابعة خلافاً لممارسة التفكير الناقد والتي هي عبارة عن مجموعة من العمليات والمهارات يقوم بها الشخص منفردة أو مجتمعة وليس وفق سلسلة من الإجراءات المترابطة.

ذكر (Ennis, 1985) قائمة تشمل اثني عشر مظهراً من مظاهر التفكير الناقد، والمرتبطة جميعاً بمظاهر الحكم، ووضح هذه الأحكام على النحو الآتي[1]:

- استيعاب وفهم معنى الجملة.
- الحكم فيما إذا كان هناك غموض في سطر من الأسطر.
- الحكم فيما إذا كانت النتيجة تتبع بشكل ضروري.
- الحكم فيما إذا كانت جملة من الجمل محددة بشكل كاف.
- الحكم فيما إذا كانت جملة معينة هي بالفعل تطبيق لمبدأ معين.
- الحكم فيما إذا كانت جملة من جمل الملاحظة الصادقة ويعتمد عليها.

(1) Ennis, Robret, H. (1985), **A Logical Basis For Measuring Critical Thinking**, Educational Leadership, 43, (2), p.45-48

- الحكم فيما إذا كان الاستنتاج الاستدلالي أمراً مطلوباً.
- الحكم فيما إذا كان قد تم التعرف إلى المشكلة.
- الحكم فيما إذا كان شيء ما هو مجرد افتراض.
- الحكم فيما إذا كان تعريف ما كافياً.
- الحكم فيما إذا كانت جملة ما قد تمت صياغتها من قبل جهة ما وهي مقبولة.

بالإضافة إلى هذه المهارات، هناك مهارات كثيرة أوردها بعض الباحثين، فقد أورد باير (beyer, 1985) المهارات الآتية: (التثبت من مصداقية مصادر المعلومات، التأكد من طريقة نقل المعلومة أو الرواية، التعرف إلى مصادر الأدلة والبراهين والشواهد المتصفة بالغموض، كشف ودحض المنطق الخاطئ، التأكد من قوة البرهان أو الادعاء، التنبؤ، الابتعاد عن التحيز والمحاباة..وغيرها)[1].

وقد قسم (Ennis, 1985) مهارات التفكير الناقد إلى ثلاثة أنواع:

1. أن يعرف ويوضح:

- قضايا ومشكلات، استنتاجات، أسباب، افتراضات، أسئلة ملائمة.

2. معلومات الحكم:

- يحدد مصداقية المصادر والملاحظات.
- يحدد الترابط.
- يتعرف على التوافق (الاتساق).

3. مشكلات الاستدلال (الحل، وتكوين استنتاجات معقولة):

- يستدل ويحكم على استنتاجات استدلالية.

(1) المصري، 2003، مرجع سابق، ص25.

- يستنبط الحكم على الصدق الاستنباطي.
- يتنبأ بالنتائج المحتملة.

إستراتيجيات مساعدة لأصحاب التفكير الناقد

هناك ثلاثة عشر عنصراً تمثل إستراتيجيات مساعدة لأصحاب التفكير الناقد، وهذه الإستراتيجيات هي[1]:

1. أن يكون المفكر الناقد منفتح الذهن.
2. أن يتخذ موقفاً عندما يكون الدليل والأسباب كافية لذلك.
3. أن يكون مطلعاً بشكل جيد على المعلومات.
4. أن يسعى إلى الدقة بقدر ما يسمح الموضوع بذلك.
5. أن يأخذ بالحسبان الحالة ككل.
6. أن يتعامل بطريقة منتظمة مع أجزاء الكل المعقد.
7. أن يبحث عن البدائل.
8. أن يسعى للحصول على الأسباب.
9. أن يسعى للحصول على نص واضح للقضية أو المشكلة.
10. أن يحتفظ بذهنه بالاهتمام الأساسي أو الأصلي.
11. أن يستخدم مصادر موثوقة ويذكرها.
12. أن يبقى على علاقة وثيقة بالموضوع الرئيسي.
13. أن يكون حساساً للمشاعر ومستوى المعرفة ودرجة ثقافة الآخرين.

---

(1) Ennis, Robret, H. (1985), مرجع سابق

أهمية التفكير الناقد

إن التفكير اليومي الذي يعيشه المرء لا يقل أهمية عن أية حركة يقوم بها الجسم الإنساني، وأعضائه كالمشي، والوقوف، والجلوس، وتحريك اليدين، والقدمين وهو مطلب طبيعي للإنسان يساعد على الاستمرار في معيشته، والعيش بمعقولية، وكذلك يساعد الطلاب على تحقيق أهداف مسيرتهم الدراسية أو العملية.

لذلك تعد القدرة على التفكير الناقد هدفاً من الأهداف الرئيسية للتربية والتعليم والدراسة؛ إذ أنها تعني القدرة على الاختبار الواعي بإصدار الأحكام الصحيحة والسليمة، وتعني جودة التعامل بموضوعية، وذكاء وحسن تقويم الظواهر الحياتية. وفي عصرنا الراهن- عصر المعلومات والمعارف- تشتد الحاجة إلى إكساب مهارة التفكير الناقد لتمييز وتقييم المعلومات التي تردنا من كل حدب وصوب، وتقويم ما نتلقاه من معرفة ومعلومات من الوسائل السمعية والبصرية المعاصرة، ونحن معرضون دوماً للنظر والتلقي، والتأثر والانفعال، لذلك فنحن مطالبون بامتلاك جهاز أو آلية تفكيرية نقدية تكون بمثابة صمام أمان لنا تقينا من الهزات، ومما يداهم عقولنا وتفكيرنا يومياً من العالم الداخلي في حياتنا، والعالم الخارجي المحيط بنا من مضار، وتخريب لقدراتنا التفكيرية[1].

إن التفكير الناقد يُحوِّل عملية اكتساب المعرفة من عملية خاملة إلى نشاط عقلي يؤدي إلى إتقان أفضل للمحتوى المعرفي وفهم أعمق له على اعتبار أن التعليم في الأساس عملية تفكير، وبالتالي يكسب الطلبة تفسيرات صحيحة ومقبولة للمواضيع المطروحة على مدى واسع من مشكلات الحياة اليومية، ويعمل

(1) سويد، عبد المعطي (2003)، مهارات التفكير ومواجهة الحياة، (ط1)، العين، الإمارات العربية المتحدة: دار الكتاب الجامعي.

على تقليل التعليلات الخطأ. بالإضافة إلى ذلك فإن التفكير الناقد يؤدي إلى مراقبة الطلبة لتفكيرهم وضبطه مما يعني أن تكون أفكارهم أكثر دقة وأكثر صحة[1].

العناصر الرئيسة للتفكير الناقد

للتفكير الناقد عناصر أو مكونات رئيسية، لا بد من معرفتها وفهمها، وهذه العناصر هي:

أولاً: العناصر المعرفية: وهي عبارة عن مجموعة من الإجراءات الممثلة للخطوات والعمليات التي يستخدمها الفرد في تنفيذ المهارة، ومجموعة المعايير التي تساعد على تحديد مهارة معينة، ومجموعة القواعد التي تمثل خطوطاً عريضة ترشد منفذ المهارة حتى يمكن استخدامها.

وتشمل هذه العناصر على ما يلي[2]:

1. التفكير على نحو مستقل وعدم التأثر بآراء الآخرين، وتحديد المشكلة بشكل دقيق.
2. تحليل المعلومات والبيانات لتحديد قيمتها ومدى ارتباطها بالموقف.
3. توظيف عمليات عقلية أخرى مثل التفكير الاستنتاجي والاستدلالي.
4. الربط بين العناصر المختلفة التي ينطوي عليها الموقف.
5. تجنب التعميمات الزائدة بحيث تشمل المواقف الأخرى المختلفة عن الموقف الراهن.

(1) الخليلي (2005)، مرجع سابق.

(2) عبد العزيز، سعيد (2007)، تعليم التفكير ومهاراته تدريبات وتطبيقات عملية، (ط1)، عمان: دار الثقافة.

ثانياً: عناصر تتعلق بالمهارة: وتشير إلى عدم التركيز على الحقائق وحفظها واستظهارها، بل التركيز على العمليات التي تساعد على تركيب المعلومات وتنظيمها وتقويمها.

ثالثاً: العناصر القيمية (الاتجاه): وهي مجموعة الاتجاهات والقيم التي يرتكز عليها التفكير الناقد، منها حب الاستطلاع للاستزادة في المعرفة، والتشكك فيما يقدم إليه من معلومات، والصبر عندما يظهر الغموض فيما يفكر.

تطبيقات عملية لمهارات التفكير الناقد في دروس التربية الإسلامية

الورقة الأولى: (تنمية مهارة الكلمات المنتمية وغير المنتمية- التمييز-)

عزيزي الطالب/الطالبة: بين يديك مجموعة من الكلمات، بينها علاقة منتمية، ما عليك سوى استبعاد الكلمة غير المنتمية (المختلفة) من بينها بوضع دائرة حولها، ثم قم/قومي بصياغة تعميم مناسب أو جملة من الكلمات المتبقية، والمثال الآتي يوضح ذلك:

الطواف، الإحرام ، النية، الذنوب ، السعي بين الصفا والمروة.

نلاحظ من المثال السابق أن الكلمة في الدائرة غير منتمية إلى الكلمات الأخرى أي ليس بينها وبينهن علاقة، أما الكلمات الأخرى فبينهن علاقة. فنستطيع صياغة تعميم أو جملة من الكلمات - باستثناء كلمة الذنوب- على النحو الآتي: من أركان العمرة: النية، الإحرام، الطواف، السعي بين الصفا والمروة. وإليك الآن الأسئلة:

(علامة لكل فقرة)

1. البغضاء، الأحقاد، الاحتكار، المجتمع، الادخار، الاستغلال.

....

2. الظروف العادية، البائع، المشتري، الدولة، التسعير، السلع والخدمات، الحوالة.

....

3. رضا الدائن، مالاً معروفاً، الحوالة، العمل، اتحاد الجنس، المماثلة.

....

4. القمار، القرآن، الميسر، التحويل المالي، الرهان، السنة، التوبة.

....

5. العقم، الزنا، تعدد الزوجات، الملاعنة، المرض العضال، الظروف الخاصة.

....

6. العرف، شروط، العصمة، عقد الزواج، الشرع، عادات الناس.

....

7. الإحصان، الفقير، العفة، الزواج، الثواب، الجنة، غض البصر.

....

8. المجاهرة، إثم، معصية، التوبة، كفارة، المقامرة، الوديعة، الصدقة.

....

9. اليانصيب، الشدة المشروطة، البيع، المراهنة، القمار، الربا، الزنا.

....

10. الرضا، عدم الإضرار، أربع نساء، العدل، التعدد، الضابط أو الشرط، القدرة المالية.

....

الإجابة النموذجية للورقة الأولى السابقة:

الفقرة	الكلمة غير المنتمية	الجملة أو التعميم
1	الادخار	الاحتكار يؤدي إلى زيادة البغضاء والأحقاد في المجتمع لما فيه من استغلال للناس
2	الحوالة	لا يجوز للدولة التدخل في تسعير السلع والخدمات في الظروف العادية وإنما يترك ذلك للبائع والمشتري
3	العمل	يشترط في الحوالة: (أن تكون مالاً معروفاً، ورضا الدائن، واتحاد الجنس، والمماثلة).
4	التحويل المالي	حرم الإسلام القمار والرهان من خلال آيات القرآن والسنة وعلى مرتكب ذلك التوبة.
5	الملاعنة	تعدد الزوجات مباح في ظروف خاصة مثل العقم للزوجة والخوف من الزنا والمرض العضال.
6	العصمة	عادات الناس تعتبر من العرف المعتبر في الشرع وتدخل في شروط عقد الزواج.
7	الفقير	الزواج يساعد على العفة والإحصان وغض البصر ويؤدي إلى زيادة الثواب وبالتالي دخول صاحبها الجنة.
8	الوديعة	المجاهرة بالمقامرة إثم ومعصية تستوجب التوبة وكفارتها الصدقة.
9	البيع	حرم الإسلام اليانصيب والشدة المشروطة والمراهنة والقمار والربا والزنا.
10	الرضا	أباح الإسلام تعدد الزوجات بشروط أو بضوابط وهي: (عدم الإضرار، وألا تزيد عن أربع نساء، والعدل، والقدرة المالية).

الورقة الثانية: (مهارة تحديد الحقيقة والرأي)

عزيزي الطالب/الطالبة: أمامك مجموعة من العبارات والفقرات بعضها يتكون من حقائق وبعضها الآخر من آراء، ما عليك سوى وضع دائرة حول حرف (ح) إذا كانت العبارة حقيقة، ودائرة حول حرف (ر) إذا كانت العبارة رأياً في الجدول الخاص بذلك. والمثال الآتي يوضح ذلك:

- فرض الـلـه تعالى خمس صلوات على كل مسلم ومسلمة في اليوم والليلة. (حقيقة)
- كل مسلم يؤدي الصلوات الخمس صادق (رأي)

في المثال الأول، لا يختلف فيه أحد من المسلمين ولا ينكره، فالكل متفق على فرضية الصلوات الخمس، حتى لو كان بعضهم غير ملتزم بأدائها، **فهذه حقيقة** عند الجميع.

أما المثال الثاني، فهو عبارة عن وجهة نظر لبعض الأئمة، والمتعلقة بأن الصدق أو عدم الكذب هو ثمرة من ثمرات أداء المسلم للصلاة حيث ٹ ڈ
(إِنَّ الصَّلَاةَ تَنْهَى عَنِ الْفَحْشَاءِ وَالْمُنْكَرِ) [1] ولكننا قد نجد بعض المسلمين لا يلتزم بخلق الصدق ومعتاد على الكذب. وهنا لا نستطيع أن نثبت خلق الصدق لكل من صلى، فنقول هذه وجهة نظر لهؤلاء الأئمة.

وإليك الآن العبارات:

1. تسعير السلع والخدمات من قبل الدولة يضر بمصالح البائع والمشتري أو أحدهما.

---

(1) سورة العنكبوت، آية 45.

2. القمار يقود كثيراً من المتقامرين إلى ارتكاب الجرائم المتعددة من سرقة وقتل.
3. من شروط تعدد الزوجات العدل القلبي بينهن.
4. الحروب المتواصلة تؤدي إلى كثرة عدد النساء على الرجال.
5. بتعدد الزوجات حدد الإسلام العدد ولم يأمر بالتعدد.
6. الاحتكار يضر بمصالح العباد ويسئ إليهم دون وجه حق..
7. من الأفضل للإنسان أن يحتفظ ببعض السلع للمستقبل ..
8. امتناع التجار عن بيع بضاعة معينة يترتب عليه زيادة أسعارها..
9. تدخل الدولة في تسعير السلع يضعف الرغبة في توفير السلع وتقديم الخدمات.
10. تزوج النبي ﷺ بأكثر من أربع نسوة دون غيره من المسلمين.

رقم السؤال	الحرف (الحقيقة أو الرأي)	
	ح	ر
1	ح	ر
2	ح	ر
3	ح	ر
4	ح	ر
5	ح	ر
6	ح	ر
7	ح	ر
8	ح	ر
9	ح	ر
10	ح	ر

الإجابة النموذجية للورقة الثانية السابقة:

رقم السؤال	الحرف (الحقيقة أو الرأي)	
	حقيقة	رأي
1	ح	ر
2	ح	ر
3	ح	ر
4	ح	ر
5	ح	ر
6	ح	ر
7	ح	ر
8	ح	ر
9	ح	ر
10	ح	ر

الورقة الثالثة: (مهارة تحديد السبب والنتيجة)

عزيزي الطالب/الطالبة: أمامك مجموعة من العبارات والفقرات. ما عليك سوى قراءتها جيداً ثم تحديد السبب والنتيجة في كل منها في المكان المناسب:

مثال ذلك: ولد عبد اللـه بن عمر رضي اللـه عنهما سنة (10ق. هـ) عرف بكثرة اتباعه لسنة المصطفى صلى اللـه عليه وسلم، كان صغير السن عندما وقعت غزوتي بدر وأحد، لم يرخص له النبي صلى اللـه عليه وسلم المشاركة في الغزوتين السابقتين.

النتيجة في النص السابق: هي عدم ترخيص النبي صلى اللـه عليه وسلم لعبد اللـه بن عمر المشاركة في غزوتي بدر وأحد.

السبب: صغر سن عبد اللـه بن عمر.

التمرين: (حدد السبب والنتيجة من كل نص من النصوص الآتية، واكتبها في الفراغ المناسب:

النص الأول: حرم الإسلام الاحتكار واعتبر فاعله آثماً. قال ﷺ : "من احتكر فهو خاطئ"[1] والخاطئ بمعنى الآثم، فالمحتكر عاص لربه الذي أمر برعاية مصالح الجماعة والفرد والتعاون بين الناس، والاحتكار مؤذ للناس لما فيه من الإضرار بهم والإساءة إليهم دون وجه حق، فحرية الفرد ليست مطلقة، يفعل في ملكه كيف يشاء دون حسيب أو رقيب، إنما هي مقيدة بما لا يضر بمصالح الناس.

النتيجة:..

السبب:..

*****　　　*****　　　*****

---

(1) صحيح مسلم، كتاب المساقاة، باب تحريم الاحتكار في الأقوات.

النص الثاني: يحرم تدخل طرف خارجي عدا أطراف العقد، وهما البائع والمشتري، في تحديد أسعار السلع والخدمات في الظروف العادية، وذلك عندما لا يكون هناك احتكار ولا استغلال لحاجات الناس. قال الناس: يا رسول الله غلا السعر فسعر لنا. فقال رسول الله ﷺ: "إن الله هو المسعر القابض الباسط الرازق، وإني لأرجو أن ألقى الله ليس أحد يطالبني بمظلمة دم ولا مال" [1] فتدخل الدولة في تسعر السلع والخدمات في الظروف العادية ظلم وتحيز لأحد طرفي العقد ينبغي تجنبه، فرفع السعر أو خفضه سيؤثر على طرف من أطراف العقد لا محالة.

النتيجة:...

السبب:..

النص الثالث: حرم الإسلام القمار بصوره المختلفة؛ (لعب الورق، واليانصيب، والمراهنة) لما فيه من أضرار كثيرة وخاصة أن القمار عده الله تعالى من أنواع أكل أموال الناس بالباطل من خلال ما نستنتجه من الآية الكريمة: قال تعالى :(يَا أَيُّهَا الَّذِينَ آمَنُوا لَا تَأْكُلُوا أَمْوَالَكُمْ بَيْنَكُمْ بِالْبَاطِلِ)[2] فالقمار يورث العداوة والبغضاء بين المتقامرين، فالخاسر يرى الطرف الآخر خصماً له لأنه أخذ ماله دون وجه حق.

النتيجة:...

السبب:..

*****　　　*****　　　*****

---

(1) سنن أبي داود، كتاب البيوع، باب في التسعير.

(2) سورة النساء، آية 29.

النص الرابع: يمر المجتمع بظروف تؤدي إلى كثرة عدد النساء على عدد الرجال؛ كالحروب المدمرة مما يؤدي إلى نقص أعدادهم مقارنة بأعداد النساء اللواتي يبقين غالباً في مأمن من ذلك، وفي هذه الحالة فإما أن تبقى النساء بلا أزواج مما يؤدي إلى إشاعة الزنا وانتشار الانحراف والمشكلات الاجتماعية، أو يتزوج الرجال بأكثر من زوجة وفي ذلك رعاية لمصلحة النساء والمجتمع كله.

النتيجة:..

السبب:...

*****　　　*****　　　*****

النص الخامس: هناك شروط في عقد الزواج لا تنافي مقتضياته ولا تضر بالطرف الآخر؛ على أن تكون هذه الشروط مدونة في عقد الزواج، كأن يشترط الزوج أن يقيم معه في بيت الزوجية ولده من الزوجة الأولى. أما إذا اشترطت الزوجة على زوجها أن ينفق على تعليمها في الجامعة، أو أن لا يتزوج عليها زوجة أخرى ما دامت في عصمته فيجب على الزوج الوفاء بما اشترطته عليه، فإن خالف شرطاً كان لها الحق في طلب فسخ العقد من القاضي وإلزام الزوج بمؤخر المهر وما يستتبع ذلك من مسؤوليات مالية واجتماعية.

النتيجة:..

السبب:...

*****　　　*****　　　*****

الإجابة النموذجية للورقة الثالثة السابقة:

النص	الإجابة	
الأول	السبب	الإضرار بالناس والإساءة إليهم دون وجه حق
	النتيجة	حرم الإسلام الاحتكار
الثاني	السبب	لأن في التدخل في التسعير ظلم وتحيز لأحد طرفي العقد (البائع أو المشتري)
	النتيجة	لا يجوز تدخل الدولة في تسعير السلع والخدمات للناس في الظروف العادية
الثالث	السبب	يورث العداوة والبغضاء بين الناس
	النتيجة	حرم الإسلام القمار بصورة المختلفة
الرابع	السبب	كثرة الحروب التي تؤدي إلى زيادة عدد النساء على الرجال وبالتالي إشاعة الزنا وانتشار الانحراف والمشكلات الاجتماعية.
	النتيجة	أباح الإسلام الزواج بأكثر من أربع نساء
الخامس	السبب	مخالفة الزوج لشرط من شروط عقد الزواج التي اتفق عليها سابقاً مع زوجته
	النتيجة	يحق للمرأة طلب فسخ العقد من زوجها عند القاضي

الورقة الرابعة: (تحديد المعلومات وثيقة الصلة وغير وثيقة الصلة)

عزيزي الطالب/الطالبة: سوف نقوم- إن شاء الـله تعالى- بمناقشة **(أسباب تشريع الإسلام لتعدد الزوجات)** من خلال عرض سريع لبعض الأسباب والحِكم. منها ما هو وثيق الصلة بالموضوع، ومنها ما ليس له علاقة بالموضوع. وما عليك سوى وضع إشارة (×) في المكان الذي تراه مناسباً حسب الجدول الآتي:

مثال ذلك: الصحابي الذي هاجر مع النبي عليه الصلاة والسلام من مكة إلى المدينة سراً هو أبو بكر الصديق رضي الـله عنه، حيث خرجاً ليلاً متجهين إلى غار ثور، واتخذا جميع الأسباب من تأمين الطعام وتتبع الأخبار من مكة، وتضليل الطريق على الكفار وغيرها ثم توكلا على الـله تعالى.

معلومات متوفرة في النص وهي لازمة	**معلومات غير متوفرة في النص وهي لازمة**
أبو بكر الصديق هو الصحابي الذي اختاره النبي عليه السلام للهجرة معه.	لماذا اختار النبي عليه السلام الصحابي الجليل أبو بكر الصديق للهجرة معه؟

التمرين:

الرقم	**العبارة**	**علاقتها بالموضوع**		**اللزوم**	
		لها علاقة بالموضوع	ليس لها علاقة بالموضوع	لازمة	غير لازمة
1	تزوج النبي ﷺ بأكثر من أربع زوجات.				
2	أباح القرآن الكريم للمسلم التعدد بأربع زوجات				

3	العادات الاجتماعية والأعراف في المجتمع الجاهلي المتعلقة بتعدد الزوجات.				
4	كثرة الجاريات والأيامى في المجتمع الجاهلي.				
5	مراعاة مصالح المرأة والرجل على حد سواء.				
6	حث القرآن الكريم والسنة النبوية المطهرة على الزواج، وجعلا ذلك من أسباب العفة.				
7	الظروف العامة والخاصة التي تمر بالمجتمع المسلم من الحروب والكوارث.				
8	تزوج أغلب الأنبياء السابقين بأكثر من امرأة.				
9	اهتمام الإسلام بالمرأة من حيث العمل على الحفاظ على كرامتها وعدم امتهانها.				
10	تحقيق السكن والمودة بين الزوجين.				

الإجابة النموذجية للورقة الرابعة السابقة:

الرقم	العبارة	علاقتها بالموضوع		اللزوم	
		لها علاقة بالموضوع	ليس لها علاقة بالموضوع	لازمة	غير لازمة
1	تزوج النبي ﷺ بأكثر من أربع زوجات.				
2	أباح القرآن الكريم للمسلم التعدد بأربع زوجات				
3	العادات الاجتماعية والأعراف في المجتمع الجاهلي المتعلقة بتعدد الزوجات.				
4	كثرة الجاريات والأيامى في المجتمع الجاهلي.				
5	مراعاة مصالح المرأة والرجل على حد سواء.				
6	حث القرآن الكريم والسنة النبوية المطهرة على الزواج، وجعلا ذلك من أسباب العفة.				
7	الظروف العامة والخاصة التي تمر بالمجتمع المسلم من الحروب والكوارث.				

8	تزوج أغلب الأنبياء السابقين بأكثر من امرأة.				
9	اهتمام الإسلام بالمرأة من حيث العمل على الحفاظ على كرامتها وعدم امتهانها.				
10	تحقيق السكن والمودة بين الزوجين.				

الورقة الخامسة: (مهارة معرفة الاتساق الظاهري)

عزيزي الطالب/الطالبة: سوف نقوم- إن شاء الـلـه تعالى- بعرض بعض النصوص المستنبطة من الكتاب المدرسي. قم بقراءتها جيداً للتعرف على مواطن عدم الاتساق الظاهري، ثم أجب عن الأسئلة التي تليها:

النص الأول:

حرم الإسلام الاحتكار واعتبر فاعله آثماً، حيث قال ﷺ: "من احتكر فهو خاطئ"[1]، فالمحتكر آثم عاص لربه لأنه يؤذ الناس لما فيه من إضرار بالآخرين، وفي الوقت نفسه حث الإسلام على الادخار لمواجهة الحاجات المستقبلية وأباح ذلك من خلال قوله ﷺ: "فكلوا وتصدقوا وادخروا"[2].

(1): من خلال النص السابق، حدد الأفكار التي بها عدم اتساق ظاهري:

....

....

....

....

(2): لماذا في رأيك حدث هذا النوع من عدم الاتساق الظاهري في الفقرة السابقة؟

....

....

---

(1) صحيح مسلم، كتاب المساقاة، باب تحريم الاحتكار في الأقوات.

(2) صحيح مسلم، كتاب الأضاحي، باب بيان ما كان من النهي عن أكل لحوم الأضاحي بعد ثلاث.

النص الثاني:

أباح الإسلام تعدد الزوجات بالنسبة للمسلم، وفق شروط وضوابط محددة وواضحة، وهو ثابت في القرآن والسنة حيث أقر النبي ﷺ زواج بعض الصحابة بأكثر من زوجة. ومن الضوابط التي وضعها الإسلام لإباحة تعدد الزوجات تحريم الجمع بين أكثر من أربع نساء في العصمة حيث قال تعالى: (وَإِنْ خِفْتُمْ أَلَّا تُقْسِطُوا فِي الْيَتَامَى فَانْكِحُوا مَا طَابَ لَكُمْ مِنَ النِّسَاءِ مَثْنَى وَثُلَاثَ وَرُبَاعَ) [1]. وقد ورد عن عبد الله بن عمر أن غيلان بن سلمة الثقفي أسلم وله عشر نسوة في الجاهلية، فأسملن معه، فأمره النبي ﷺ أن يتخير أربعاً منهن[2]. أما النبي ﷺ فقد ثبت زواجه من أكثر أربع نساء وكان يعدل بينهن.

(1): من خلال النص السابق، حدد الأفكار التي بها عدم اتساق ظاهري:

....

....

....

....

(2): لماذا في رأيك حدث هذا النوع من عدم الاتساق الظاهري في الفقرة السابقة؟

....

....

---

(1) سورة النساء، آية 3.

(2) سنن الترمذي، كتاب الطلاق، باب ما جاء في الرجل يسلم وعنده عشر نسوة.

الإجابة النموذجية للورقة الخامسة السابقة:

النص	الإجابة	
الأول	1	حرم الإسلام الاحتكار، ولكنه في نفس الوقت أباح الادخار
	2	الاحتكار فيه استغلال للناس، لكن الادخار فيه مصلحة للفرد ولا يضر بالأخرين.
الثاني	1	حرم الإسلام الزواج بأكثر من أربع نساء، في حين تزوج النبي عليه السلام بأكثر من ذلك
	2	تحريم الزواج بأكثر من أربع نساء جاء بعد زواج النبي من نساءه.

الورقة السادسة: (مهارة تحديد المقدمة والنتيجة)

عزيزي الطالب/الطالبة: اقرأ المثال الآتي جيداً ثم قم بقراءة التمارين والإجابة عنها:

مثال: إن ضرب النقود أحد الوسائل في تطور الجانب الاقتصادي في الدولة (هذه مقدمة أولى).

قام عبد الملك بن مروان بضرب النقود الإسلامية (هذه مقدمة ثانية).

من خلالها تنوصل إلى **النتيجة الآتية:** إذا عبد الملك بن مروان اهتم بتطوير الجانب الاقتصادي في الدولة.

التمارين:

مقدمة أولى/ دليل أول	اهتم الإسلام بتوفير ما يحتاجه الناس من سلع وخدمات.
مقدمة ثانية/ دليل ثان	الاحتكار يضر بمصالح الناس ويهدد أمنهم وسلامتهم ويضيق معيشتهم.
النتيجة (القاعدة الشرعية)	

مقدمة أولى/دليل أول	التدخل في تحديد أسعار السلع والخدمات من قبل الدولة في الظروف العادية ظلم للبائع أو المشتري.
مقدمة ثانية/دليل ثان	رفض النبي ﷺ تسعير بعض السلع والخدمات عندما طلب منه بعض الصحابة ذلك.
النتيجة (القاعدة الشرعية)	

مقدمة أولى/ دليل أول	هذب الإسلام تعدد الزوجات الذي كان موجوداً في الجاهلية، وفق ضوابط وشروط محددة.
مقدمة ثانية/ دليل ثان	
النتيجة (القاعدة الشرعية)	أباح الإسلام تعدد الزوجات بشرط عدم الزواج بأكثر من أربع نساء.

الإجابة النموذجية للورقة السادسة السابقة:

الفقرة	الإجابة
الأولى	حرم الإسلام الاحتكار، حرصاً منه على توفير كل ما يحتاجه الناس من سلع وخدمات.
الثانية	لا يحق للدولة التدخل في تسعير السلع والخدمات في الظروف العادية.
الثالثة	هناك ضوابط لتعدد الزوجات ومنها عدم الزواج بأكثر من أربع نساء

الورقة السابعة: (مهارة معرفة الافتراضات)

عزيزي الطالب/الطالبة: فيما يأتي عدد من العبارات، ويتبع كل عبارة منها عدة افتراضات مقترحة، وعليك أن تقرر لكل افتراض ما إذا كانت العبارة تحتوى على تسليم به بالضرورة أم لا. فإذا اعتقدت أن الافتراض المعين مسلم به في العبارة ضع علامة (×) في الخانة المناسبة في ورقة الإجابة أي تحت كلمة وارد، وإذا كنت تعتقد بأن الافتراض غير مسلم به بالضرورة في العبارة ضع علامة (×) في الخانة المناسبة في ورقة الإجابة أي تحت كلمة "غير وارد".

العبارة	قد تتعرض المرأة لمرض عضال يقعدها عن أداء واجباتها في رعاية الأسرة وتربية الأطفال، أو قد تصاب بتشوهات في المظهر ويكره الرجل طلاقها وفاء لها، خاصة وأنها شاركته رحلة العمر في بناء حاضره.	الافتراض	
		وارد	غير وارد
افتراضات	كل امرأة تتعرض لتشوهات في المظهر يتزوج عليها زوجها.		
	جميع الأزواج يكونون أوفياء لزوجاتهم، ويخافون عليهن من الضياع		
	جميع الأزواج يكرهون طلاق زوجاتهم بسبب مشاركتهن لهم في رحلة العمر وبناء حاضرهم ومستقبلهم.		

العبارة	الحروب المدمرة تؤدي إلى إشاعة الزنا وانتشار الانحراف والمشكلات الاجتماعية في المجتمع.	الافتراض	
		وارد	غير وارد
افتراضات	الحروب المدمرة تؤدي إلى زيادة عدد الرجال على عدد النساء.		
	الحروب المدمرة تعمل على إصابة الرجال بالعنة والضعف الجنسي.		
	الحروب المدمرة سبباً رئيسياً في إباحة تعدد الزوجات في الإسلام.		

العبارة	أباح النبي عليه السلام الرهان في الأعمال المشروعة كالمسابقات في تعلم فنون القتال وبناء الأجسام، واكتساب المهارات المشروعة وإتقان الأعمال بقوله: "لا سبق إلا في خف أو حافر أو نصل"[1] لقاء جوائز تتبرع بها أطراف أخرى غير المتسابقين.	الافتراض	
		وارد	غير وارد
افتراضات	لم يكن في هذا الوقت-أي زمن النبي عليه السلام- سوى هذه الأعمال والفنون دون غيرها.		
	كثرة الحروب أدت إلى تركيز الإسلام على هذه الأعمال دون غيرها. بالإضافة إلى أهمية هذه الفنون التي دعت النبي عليه السلام التركيز عليها.		
	تفوق المسلمين على غيرهم من الكفار في هذه الأعمال دون غيرها.		

العبارة	روي عن عبد الله بن عمر أن غيلان بن سلمة الثقفي أسلم وله عشرة نسوة في الجاهلية، فأسلمن معه، فأمره النبي ﷺ أن يتخير أربعاً منهن[2].	الافتراض	
		وارد	غير وارد
افتراضات	غالباً تعدد الزوجات كانت عادة مستقرة في الجاهلية وقبل مجيء الإسلام.		
	النساء يطعن الأزواج حتى ولو أمروهن بتغيير الديانة.		
	حدد الإسلام العدد (4 نساء) لكل رجل ولم يأمر بالتعدد.		

(1) سنن أبي داود، كتاب الجهاد، باب في السبق.

(2) سنن الترمذي، كتاب الطلاق، باب ما جاء في الرجل يسلم وعنده عشر نسوة.

		الافتراض	
العبارة	قال ﷺ: "من حلف منكم فقال في حلفه: باللات؛ فليقل: لا إله إلا الـلـه، ومن قال لصاحبه: "تعال أقامرك فليتصدق بشيء"[1].	وارد	غير وارد
افتراضات	كانت عادة الحلف باللات منتشرة في الجاهلية.		
	اهتمام الإسلام بالصدقة جزء من اهتمامه بالعقيدة وهي عدم الحلف بغير الـلـه تعالى.		
	يعتمد الإسلام على الصدقات لدعم بيت مال المسلمين.		

الإجابة النموذجية للورقة السابعة السابقة:

الفقرة	الافتراض	
	وارد	غير وارد
1	■	
2	■	
3		■
4	■	
5	■	
6		■
7		■
8	■	
9		■
10	■	
11		■
12	■	
13	■	
14		■
15	■	

(1) صحيح مسلم، كتاب الإيمان، باب من قال باللات والعزى.

بسم الـلـه الرحمن الرحيم

مدارس ....

مادة: التربية الإسلامية

ورقة عمل رقم ( ) **الصف السادس ( )**

اسم الطالب:

السلام عليكم ورحمة الـلـه وبركاته

بني العزيز من خلال قراءتك لسورة الفتح من القران الكريم وشرحها من الكتاب المدرسي ما رأيك بهذا الترتيب للأحداث ؟

ملاحظة: إن كان هناك خطأ في ترتيب الأحداث فأعد ترتيبها وفق ما تعلمت (حسب الكتاب المدرسي).

(أشيع مقتل الصحابي الجليل عثمان بن عفان رضي الـلـه عنه فخرج النبي ﷺ من المدينة المنورة ليؤدي العمرة في مكة المكرمة فبايعه المسلمون على ذلك، وبعد أن ذهبوا للعمرة صدتهم قريش عن دخول مكة المكرمة.

فعند ذاك لم يخرج المنافقون مع النبي الكريم لمكة المكرمة، وظنوا ظن السوء، فغضب النبي ﷺ من فعلة المنافقين، وأراد قتالهم، فبايعه المسلمون على ذلك تحت شجرة الرضوان، فلذلك سميت هذه البيعة ببيعة الرضوان .

ثم إن قريشاً خافت أن يقتل المسلمون المنافقين فأصلحت قريش بين المسلمين والمنافقين وكان كاتب الصلح هو رجل أحدب فلذلك سميت هذه الحادثة بصلح الحديبية).

بالمناسبة ما هو الظن السيئ الذي ظنه المنافقين؟.

مربع الإجابة:

الفصل الرابع

أوراق العمل في دروس التربية الإسلامية

أوراق العمل

لأوراق العمل الخاصة بالتربية الإسلامية أهمية كبيرة، لا غنى للمدرس عنها، فما هي أوراق العمل؟ وما أهميتها؟ وما أنواعها؟ وهل هناك شروط خاصة لأوراق العمل، ولماذا سميت بهذا الاسم؟

معنى أوراق العمل

ورقة العمل: هي عبارة عن مادة إثرائية يستخدمها المعلم أثناء تدريسه لمحتوى معين، ليقرب المعنى إلى الطلاب بشكل أسرع من الطريقة التقليدية في التدريس، ، بحيث تساعد هذه الورقة في تحقيق الأهداف الموضوعة مسبقاً عند التخطيط لمحتوى معين.

المادة إثرائية: عبارة عن مادة معينة خارجة عن محتوى الكتاب، تتم صياغتها بشكل يختلف عن شكل ومضمون محتوى الكتاب، تتطلب من الطالب استخدام العقل بشكل فردي أو جماعي، أو الرجوع إلى مصادر خارجة عن الكتاب، حتى يتحقق الهدف المنشود.

أهمية أوراق العمل

تظهر أهمية أوراق العمل في الجوانب الآتية:

1. سرعة تحقيق الأهداف الموضوعة مسبقاً عند الطلبة.
2. اختصار الوقت في إيصال المفاهيم والأفكار للطلاب.
3. تنمية التفكير العلمي عند الطلاب بأشكاله المختلفة: (الناقد، والإبداعي، والمنطقي، والتأملي)

4. التعرف على المراجع والمصادر المختلفة المتعلقة بالتربية الإسلامية، مثل المصادر الخاصة بكتب الحديث الشريف كصحيح البخاري، وصحيح مسلم، والترمذي....وغيرها، بالإضافة إلى المصادر الخاصة بكتب التفسير، وعلوم القرآن، ومصطلح الحديث.........

5. توظيف الطرق والاستراتيجيات الحديثة في التدريس مثل (التعلم التعاوني، والتعلم الإلكتروني، والعمل في مجموعات، وغيرها).

6. توفر الدافعية للتعلم عند الطلبة، من خلال عنصر التشويق الذي تحتوي عليه أوراق العمل.

7. تعلم الطلبة مهارات حياتية تجعلهم قادرين على التعامل مع الحياة حتى بعد تخرجه من المدرسة.

أنواع أوراق العمل

لأوراق العمل أنواع مختلفة يمكن أجمالها فيما يأتي:

أولاً: أوراق عمل صفية: وتقسم إلى قسمين:

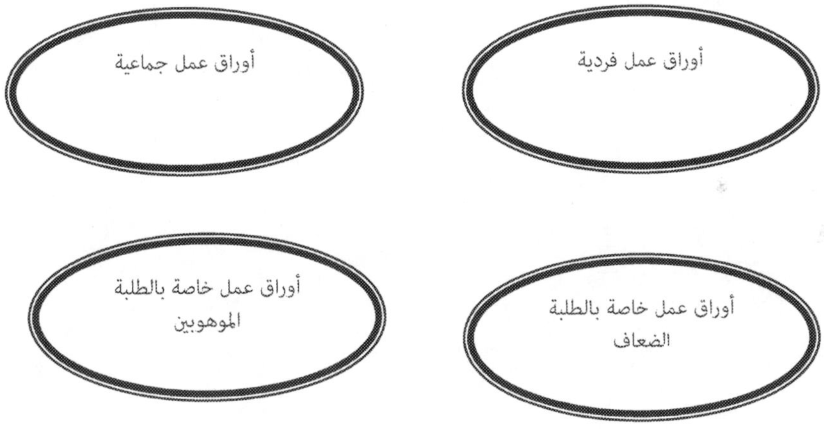

ثالثاً: أوراق عمل صفية وبيتية: أي تقسم إلى قسمين: قسم للحل داخل الصف، والآخر للحل في البيت

المهارات الواجب توافرها عند المعلم لإعداد أوراق العمل

لإعداد أوراق العمل يتطلب من المعلم امتلاك مهارات مختلفة، تتمثل بالآتي:

1) الإلمام التام بالمادة، من حيث المعرفة النظرية والعملية والأنشطة.
2) إتقان استخدام الحاسوب التعليمي.
3) معرفة بمستويات الطلبة، نظراً لأن أوراق العمل لا تناسب جميع الطلبة، فمستوياتهم مختلفة، منهم الموهوب ومنهم المتوسط، ومنهم ضعيف التحصيل.
4) الإلمام الكامل بمهارة وضع الاسئلة، من حيث تدرجها من الأسهل إلى الأصعب، وأن تكون ضمن إمكانات الطلبة.
5) المعرفة النظرية بخصائص المرحلة العمرية للطلاب، نظراً لأن لكل مرحلة ما يناسبها، فما يناسب المرحلة الدنيا لا يناسب المرحلة العليا، فأوراق العمل الخاصة بالمرحلة الدنيا يجب أن تتضمن التعلم باللعب والمنافسة، وأما المرحلة العليا فيفضل أن تركز على التعلم من خلال إثارة التفكير بمستوياته المختلفة.

صفات الأسئلة

1) الوضوح والبساطة.
2) أن تتضمن عنصر التشويق والإثارة لجميع المراحل.
3) أن تتضمن بعض الأسئلة عنصر التحدي للطلبة.

4) وضع معايير التقييم عند الطلبة.

5) تعمل على إثارة التفكير بأنواعه المختلفة.

6) أن تكون الأسئلة غير مباشرة، أي لا تكون إجاباتها ضمن الكتاب، وليس من السهولة الوصول إليها، بمعنى تتطلب من الطالب الرجوع إلى مصادر وأمهات الكتب.

نماذج عملية لأوراق العمل
المتعلقة ببعض دروس التربية الإسلامية

- أوراق عمل خاصة بالتعلم من خلال اللعب والرسم
- أوراق عمل خاصة بالتلاوة والتجويد

ثانياً: أوراق عمل خاصة بالتعلم من خلال اللعب

نموذج الأول

عزيزي الطالب: أمامك أرقام متفرقة، اكتب الأحرف حسب تسلسلها، ثم اكتب في سطرين ماذا تعني لك هذه الأحرف:

1 ص	2 ا	3 ي	4 ت	5	6 ل	7
8 ا	9 ح	10 ن	11 ل	12 م	13 ل	14 أ
15	16 س	17 ص	18 ر	19 و	20 ج	21
22 ط	23 ق	24 ا	25 د	26 و	27	28 ة
29 ا	30	31 ا	32	33 ل	34 ء	35 د
36	37	38 أ	39 ا	40	41 ل	42 م
43 ا	44	45 ع	46	47 ي	48	49 ة

النموذج الثاني

الأحرف	الجملة أو الكلمة	ماذا تعني لك	كتابة حديث يدل على فضل الجملة
42+26++1713+8 ا+ل+ص+و+م	الصوم	امتناع الإنسان عن الطعام والشراب من طلوع الفجر إلى غروب الشمس	قوله عليه السلام:"كل عمل له إلا الصوم فإنه لي وأنا أجزي به"
49+45+31+22 10+47+35+33+29+19+6+2			
28+43+11+1 49+45+42+20+11+2			
28+23+35+17+33+31			
42+3+4+3+13+8			
38+41+39+34+24+18+12+9 25+16+14+			

النموذج الثالث

بسم الـلـه الرحمن الرحيم

الصف: السادس ا\ب\ج\د

التاريخ: / 3 / 2009

اسم الطا لب :.................................

مراجعة معاني كلمات

سورة الفتح

تذكر بني أن تبدأ بذكر اسم الـلـه حتى يبارك الـلـه عملك ويشرح صدرك صدرك

عزيزي الطالب : ورقة العمل التي بين يديك تحتوي على فقرتين

الفقرة الأولى (تبين معاني الكلمات الواردة ثم تظللها من الجدول)

الفقرة الثانية (اكتشف نصيحة المعلم من خلال الأحرف المتبقية)

الكلمة : معناها

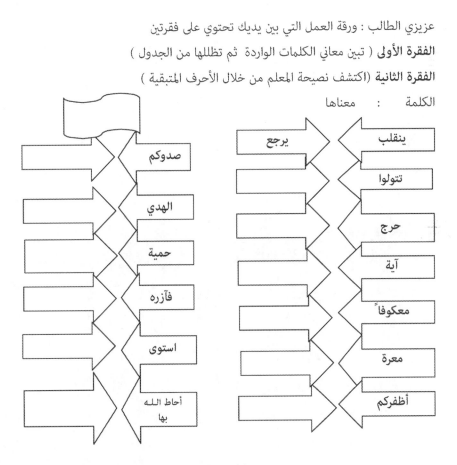

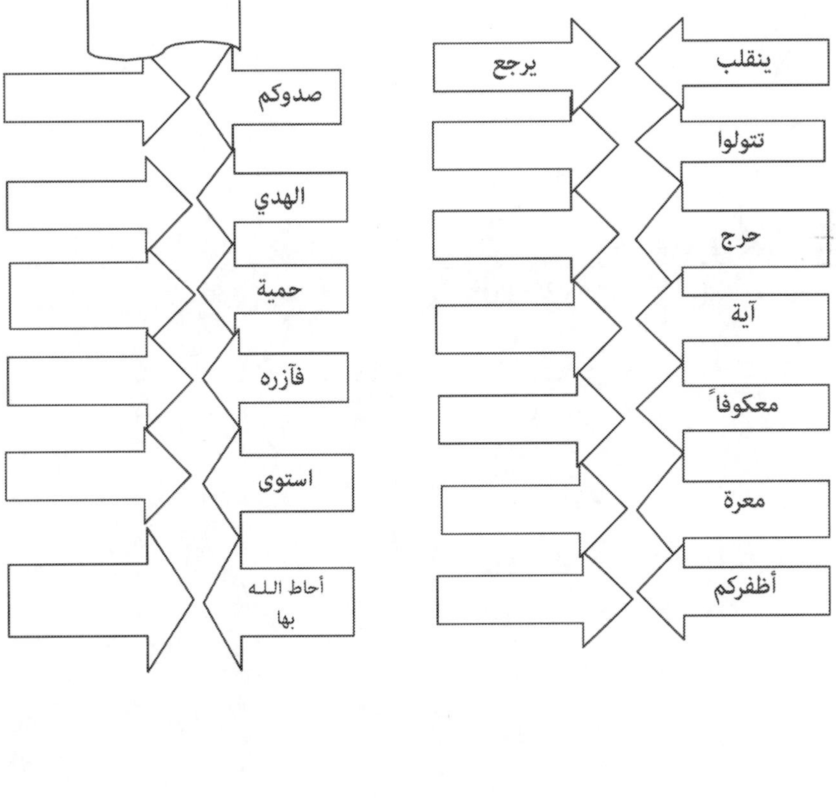

ي	إ	ث	م	ت	ع	ص	ب	ع
ت	ر	ع	ل	ا	م	ـة	ا	ا
ع	م	ج	ة	ن	ف	هـ	س	م
ر	ح	م	ع	ص	ق	ي	ت	ج
ض	ب	ذ	إ	ر	و	أ	ق	ل
و	و	م	ب	ك	ا	هـ	ا	ا
ا	س	ـة	ل	م	هـ	ا	م	ة
ـــ	اً	م	ن	ع	و	ك	م	ا
ح	ا	ف	ظ	ع	ل	ى	ص	ل

نصيحة المعلم هي :

((   ))

النموذج الرابع: التعلم من خلال الرسم

بسم الـلـه الرحمن الرحيم

مدارس **المملكة الأردنية الهاشمية** **ورقة عمل( )**

المدرسة الأساسية/ بنين **المادة / تربية إسلامية**

الاسم: ....

الفصل الدراسي الثاني

الصف:الرابع : ( ) **2009/2008**

السؤال الأول: ارسم مخطط سير النبي ﷺ مع أبي بكر رضي الـلـه عنه، أثناء الهجرة النبوية المشرفة.

المدينة المنورة

.

.

.

. . .

.

مكة المكرمة .

. .

. .

. . جبل ثور. .

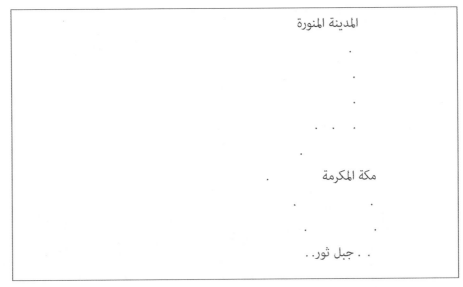

السؤال الثاني: فكّر: ذهب الرسول ﷺ أثناء الهجرة جنوباً رغم أن المدينة تقع شمالاً؟

ثالثا: أوراق عمل خاصة بالتلاوة والتجويد

عزيزي الطالب: اقرأ الآيات الآتية ثم أجب عن الأسئلة التي تليها:

قال تعالى : قَدْ سَمِعَ اللـهُ قَوْلَ الَّتِي تُجَادِلُكَ فِي زَوْجِهَا وَتَشْتَكِي إِلَى اللـهِ وَاللـهُ يَسْمَعُ تَحَاوُرَكُمَا
إِنَّ اللـهَ سَمِيعٌ بَصِيرٌ (1) الَّذِينَ يُظَاهِرُونَ مِنْكُمْ مِنْ نِسَائِهِمْ مَا هُنَّ أُمَّهَاتِهِمْ إِنْ أُمَّهَاتُهُمْ إِلَّا اللَّائِي وَلَدْنَهُمْ
وَإِنَّهُمْ لَيَقُولُونَ مُنْكَرًا مِنَ الْقَوْلِ وَزُورًا وَإِنَّ اللـهَ لَعَفُوٌّ غَفُورٌ (2) وَالَّذِينَ يُظَاهِرُونَ مِنْ نِسَائِهِمْ ثُمَّ يَعُودُونَ
لِمَا قَالُوا فَتَحْرِيرُ رَقَبَةٍ مِنْ قَبْلِ أَنْ يَتَمَاسَّا ذَلِكُمْ تُوعَظُونَ بِهِ وَاللـهُ بِمَا تَعْمَلُونَ خَبِيرٌ (3) فَمَنْ لَمْ يَجِدْ
فَصِيَامُ شَهْرَيْنِ مُتَتَابِعَيْنِ مِنْ قَبْلِ أَنْ يَتَمَاسَّا فَمَنْ لَمْ يَسْتَطِعْ فَإِطْعَامُ سِتِّينَ مِسْكِينًا ذَلِكَ لِتُؤْمِنُوا بِاللـهِ
وَرَسُولِهِ وَتِلْكَ حُدُودُ اللـهِ وَلِلْكَافِرِينَ عَذَابٌ أَلِيمٌ (4) [1].

(1): وضح المقصود بما تحته خط في الآيات السابقة من خلال الرجوع إلى أحد كتب التفسير، مع كتابة اسم التفسير الذي رجعت إليه:

معنى الآية:...

اسم كتاب التفسير:...

(2): بيّن سبب نزول الآية الأولى بالتفصيل من خلال الرجوع إلى أحد كتب التفسير في مدرستك:

(3): بين حكم التجويد في الكلمة الآتية، مع بيان السبب:

---

(1) سورة المجادلة، الآيات (1-4)..

فمن لم يجد

حكم التجويد:.................................السبب:..............................

(4): ما اسم الصحابية التي نزلت بحقها الآية الأولى؟

بسم الـلـه الرحمن الرحيم

مدارس المملكة الأردنية الهاشمية　　　ورقة عمل( )

المدرسة الأساسية/ بنين/أساسي　　　المادة/تربية إسلامية/تلاوة

الاسم: ....　　　الفصل الدراسي الثاني

الصف:الخامس: (　　)　　　2009/2008

1) السؤال الأول: **عد إلى المصحف الشريف و استخرج مثالاً على:**

الإظهار الحلقي في كلمة واحدة:

المثال هو:..

الإظهار الحلقي في كلمتين:

المثال هو:..

إدغام بغنة:

المثال هو:..

إدغام بغير غنة:

المثال هو:..

إخفاء حقيقي في كلمة:

المثال هو:..

إخفاء في كلمتين:

المثال هو:..

2) السؤال الثاني: ظلّل حروف الإخفاء، ثم شَكّل من الحروف المتبقية جملة مفيدة من ثلاث كلمات، والكلمة الأولى تبدأ بحرف(غ)و هي مدينة تعرّضت للعدوان قبل فترة، والوسطى تبدأ بحرف (ف) وهي وقت صلاة، والأخيرة تبدأ بحرف(ج)، وهي عكس قديم:

ملاحظة: إذا تكرر الحرف فلا تظلله سوى مرة واحدة.

ص	د	س	ز	ط
ف	ف	ج	ش	ض
ج	ج	ك	د	د
ت	ر	ي	ق	ذ
ة	ز	ث	غ	ظ

بسم الـلـه الرحمن الرحيم

أكاديمية الرواد الدولية/ثانوية البنين
ورقة عمل رقم (   )

الصف: الخامس

الشعبة:........

اليوم والتاريخ:............

اسم الطالب:............................

درس سورة الملك دلالة عظمة الـلـه تعالى

السؤال الأول:

ارجع إلى سورة الملك والتي هي من السور المكية، واكتب أربعة مواضيع تحدثت عنها السورة الكريمة:

1:...................................2:............................

3:...................................4:............................

السؤال الثاني:

من خلال دراستك لسورة الملك، اكتب الآية المناسبة التي تدل على كل موضوع من المواضيع الآتية:

1: خلق السموات والأرض خلق بديع ليس فيه اختلاف ولا تناقض:

الآية:..

2: مهما تأمل الإنسان في خلق السماوات سيبقى عاجزاً عن إدراك أي عيب فيها:

الآية:..

3: من فوائد النجوم أنها تضئ الكون وتزينه وتحرق الشياطين:

الآية:..

4: قدرة الـلـه تعالى على كل شئ:

الآية:..

5: الـلـه تعالى خلق الإنسان في هذه الحياة ليعمرها وفق شرعه فينظر أيحسن أم يسئ:

الآية:..

الفصل الخامس

التعزيز

- التعزيز من الناحية الشرعية (الكتاب والسنة)
- أمور يجب مراعاتها فيما يتعلق بالتعزيز من قبل المعلم
- أقسام التعزيز
- نماذج وتطبيقات عملية للتعزيز

التعزيز

التعزيز من المهارات المهمة التي ينبغي للمعلم مراعاتها في التدريس؛ لما لها من أثر إيجابي وفعال في تحسين تعلم الطلبة.

معنى التعزيز

عبارة عن تغذية راجعة من المعلم إلى المتعلم، بقصد تشجيعه، وترغيبه في الاستمرار بتقديم الإجابات الصحيحة، ومساعدته على بلورة أفكاره، وترتيب استجابته، وتنشيط دافعيته[1].

أمثلة التعزيز من الكتاب والسنة:

إن المتأمل لكتاب الـلـه تعالى وسنة نبيه صلى الـلـه عليه وسلم، يجد بأنهما مليئان بهذا الأمر، ومن أمثلة ذلك:

أولاً: من القرآن الكريم

1- (مَثَلُ الْجَنَّةِ الَّتِي وُعِدَ الْمُتَّقُونَ تَجْرِي مِنْ تَحْتِهَا الْأَنْهَارُ أُكُلُهَا دَائِمٌ وَظِلُّهَا تِلْكَ عُقْبَى الَّذِينَ اتَّقَوْا وَعُقْبَى الْكَافِرِينَ النَّارُ)[2].

2- (إِنَّ الـلـهَ يُدْخِلُ الَّذِينَ آَمَنُوا وَعَمِلُوا الصَّالِحَاتِ جَنَّاتٍ تَجْرِي مِنْ تَحْتِهَا الْأَنْهَارُ إِنَّ الـلـهَ يَفْعَلُ مَا يُرِيدُ)[3].

(1) فارس، عبادة عصام، 2009، مهارات التدريس من الكتاب والسنة، الطبعة الأولى، دار عمار للنشر والتوزيع، عمان، الأردن، ص45

(2) سورة الرعد، آية 35.

(3) سورة الحج، آية 14.

ثانياً: من السنة النبوية الشريفة

1- حديث النبي ﷺ الذي رواه أبو هريرة رضي الله عنه، قال: قال رسول الله ﷺ: (من لا يشكر الناس لا يشكر الله)[1].

2- عن أبي هريرة رضي الله عنه قال: جاء رجل إلى رسول الله ﷺ، فقال: إني مجهود. فأرسل إلى بعض نسائه. فقالت: والذي بعثك بالحق! ما عندي إلا ماء. ثم أرسل إلى أخرى: فقالت مثل ذلك، حتى قلن كلهن مثل ذلك: لا. والذي بعثك بالحق! ما عندي إلا ماء. فقال: (من يضيف هذا الليلة؟ رحمه الله) فقام رجل من الأنصار فقال: أنا يا رسول الله، فانطلق به إلى رحله، فقال لامرأته: هل عندك شئ؟ قالت: لا، إلا قوت صبياني. قال: فعلّليهم بشئ. فإذا دخل ضيفنا فأطفئي السراج وأريه أنّا نأكل، فإذا أهوى ليأكل فقومي إلى السراج حتى تطفئيه. قال: فقعدوا وأكل الضيف، فلما أصبح غدا إلى النبي ﷺ، فقال: (قد عجب الله من صنيعكما بضيفكما الليلة)[2].

أمور يجب مراعاتها فيما يتعلق بالتعزيز من قبل المعلم

1. التنويع في أساليب التعزيز اللفظية وغير اللفظية.
2. وضع قواعد واضحة محددة للطلبة لكيفية الحصول على التعزيز غير اللفظية.
3. الموضوعية قدر الإمكان، وعدم تمييز بعض الطلبة على غيرهم.
4. توظيف أساليب التعزيز بشكل مناسب للطلبة ضعيفي التحصيل.

(1) رواه الترمذي، وقال: حديث حسن صحيح.
(2) رواه مسلم في صحيحه.

5. عدم الإكثار من استخدام التعزيزات بشكل مفرط، حتى لا تفقد قيمتها عند الطلبة.

أقسام التعزيز

هناك أقسام كثيرة للتعزيز، منها ما هو اللفظي، ومنها ما هو غير اللفظي كالإشارة والإيماء وهز الرأس، ومنها ما هو المادي؛ وإليك تفصيل ذلك ما ضرب أمثلة مختلفة.

أما التعزيز اللفظي، فمن أمثلته قول المعلم للطالب: جزاك الله خيراً، بارك فيك، أحسنت، جعلك الله من الصالحين، جعلك الله من الحافظين لكتابه، إجابتك رائعة، أنت رائع، ممتاز، بطل، ذكي..وغيرها من ألفاظ التعزيز.

وأما التعزيز غير اللفظي: (كالإشارة والإيحاء والإيماء، وإشارة العينين......وغيرها)

والجانب الأهم من جوانب التعزيز هو التعزيز المادي، وهذا التعزيز من أهم جوانب التعزيز التي لها دوراً كبيراً في تحسين استقبال الطلبة، وتوجيهها التوجيه الصحيح.

وسأضرب أمثلة على ذلك:

أولاً: سلم التعزيز الدائري

تقوم فكرة هذا النموذج على ما يأتي:

1. تثبيت اللوحة المرفقة في الدفتر الخاص بالطالب.
2. وضع المعلم علامة معينة في كل دائرة أو نجمة معينة عند قيام الطالب بعمل معين يطلبه المعلم.

3. عمل منافسة بين الطلاب تقوم على فوز الطالب الذي يحصل على أكبر عدد ممكن من العلامات أو النجم.

4. إعطاء جائزة معينة للطالب الأول والثاني والثالث من كل صف.

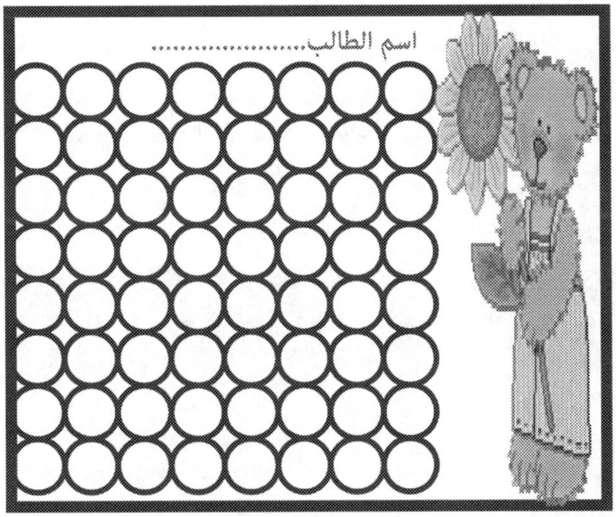

ثانياً: بطاقات الاجتهاد

ثالثاً: بطاقات التعزيز

1. **يتم وضع البطاقات في دفاتر الطلاب الخاصة بالمادة.**
2. **يتم انتقاء الألفاظ حسب الحاجة، فبعض العبارة قد تناسب بعض الطلبة دون الأخرى.**

إلى الأمام
يا همام

وفقك الله
يا بطل
القراءة

بارك الله
فيك يا
بطل

نتمنى لك
دوام التقدم
و النجاح

كن جميلاً
في دروسك
مثل الوردة

إلى الأمام يا همام
وفقك الـلـه يا بطل القراءة
جعلك الـلـه من المتفوقين يا بطلي
جعلك الـلـه تعالى من الأذكياء دائماً و أبداً
جعلك الـلـه تعالى من الأذكياء دائماً و أبداً
بارك الـلـه فيك يا بطل
بارك الـلـه فيك يا بطل
جعلك الـلـه من المتفوقين يا بطلي
إلى الأمام يا همام

رابعاً: التعزيز الهرمي

1. يعطي كل طالب نموذج واحد من هذه النماذج، ويكتب عليه اسمه وصفه.
2. يقوم المعلم بوضع علامة أو ملصق صغيرة في كل نجمة، ابتداء من الأسفل وانتهاء بالأعلى، حتى يصل الطالب إلى قمة الهرم.
3. يأخذ الطالب بعد الوصول إلى قمة الهرم، علامة معينة يتفق عليها مع الطلاب، أو جائزة عينية أو مادية وهكذا.

خامساً: شيكات التفوق

1. تحديد قيمة نقدية لكل شيك.
2. وضع قواعد مع الطلبة على آلية إعطاء الشيكات.
3. تحديد آلية صرف قيمة الشك. (من المصرف مثلاً، أو مدير المدرسة.......)

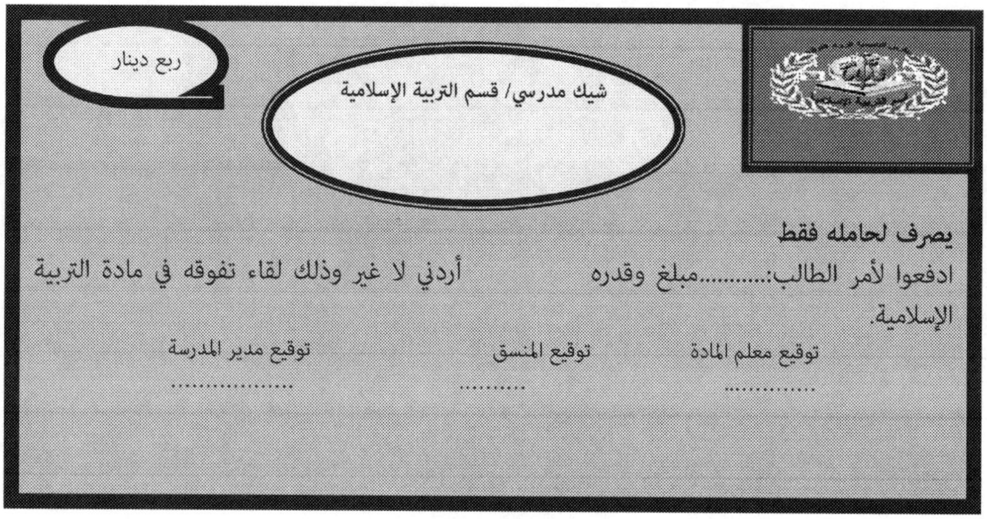
ربع دينار

شيك مدرسي/ قسم التربية الإسلامية

يصرف لحامله فقط

ادفعوا لأمر الطالب:..........مبلغ وقدره أردني لا غير وذلك لقاء تفوقه في مادة التربية الإسلامية.

توقيع معلم المادة .... توقيع المنسق .... توقيع مدير المدرسة ....

سادساً: بطاقة التفوق الدراسي

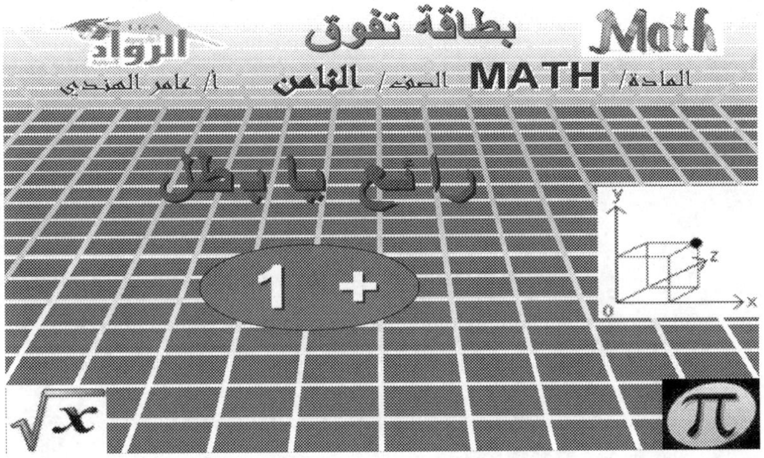

سابعاً: بطاقة الإبداع المدرسي

ثامناً: وسام التفوق

(1): تقوم فكرة هذا الوسام، بتصميم وسام على شكل قلادة، يحمل كل وسام لوناً معيناً، وله درجة معينة.

1. وسام التميز من الدرجة الأولى
2. وسام التميز من الدرجة الثانية
3. وسام التميز من الدرجة الثالثة

الملاحق

التوزيع الزمني

الفصل الدراسي: ....

العام:....................

المادة التربية الإسلامية والتلاوة والتجويد والقرآن الكريم

الشهر	**الأسبوع الأول**	**الأسبوع الثاني**	**الأسبوع الثالث**	**الأسبوع الرابع**	**الأسبوع الخامس**
(2) شباط	- دين: - دين: تلاوة:	- دين: - دين: تلاوة:	- دين: - دين: تلاوة:	- دين: - دين: تلاوة:	
(3) آذار	- دين: - دين: تلاوة:	- دين: - دين: تلاوة:	- دين: - دين: تلاوة:	- دين: - دين: تلاوة:	- دين: - دين: تلاوة:
(4) نيسان	- دين: - دين: تلاوة:	- دين: - دين: تلاوة:	- دين: - دين: تلاوة:	- دين: - دين: تلاوة:	- دين: - دين: تلاوة:
(5) أيار	- عطلة عيد العمال - دين: تلاوة:	- دين: - دين: تلاوة:	- دين: - دين: تلاوة:	- دين: - دين: تلاوة:	

مبادئ عامة في توزيع جدول التوزيع الزمني

1. حصر عدد الدروس الموجودة في الكتاب المدرسي.
2. حصر الدروس التي تحتاج إلى أكثر من حصة صفية واحدة، وخاصة دروس وحدة القرآن الكريم (التفسير) حيث يحتاج المعلم إلى حصة للوحدة كاملة لتسميع الآيات للطلبة.
3. تحديد الأيام التي تحتوي على إجازة رسمية وتفريغها في الجدول الزمني.
4. تفريغ حصة مراجعة لكل شهر تقريباً أو بما تسمى بحصة الطوارئ، بحيث تساعد المعلم على السير وفق الخطة المرسومة.

نموذج تطبيقي لترتيب السبورة في دروس التربية الإسلامية

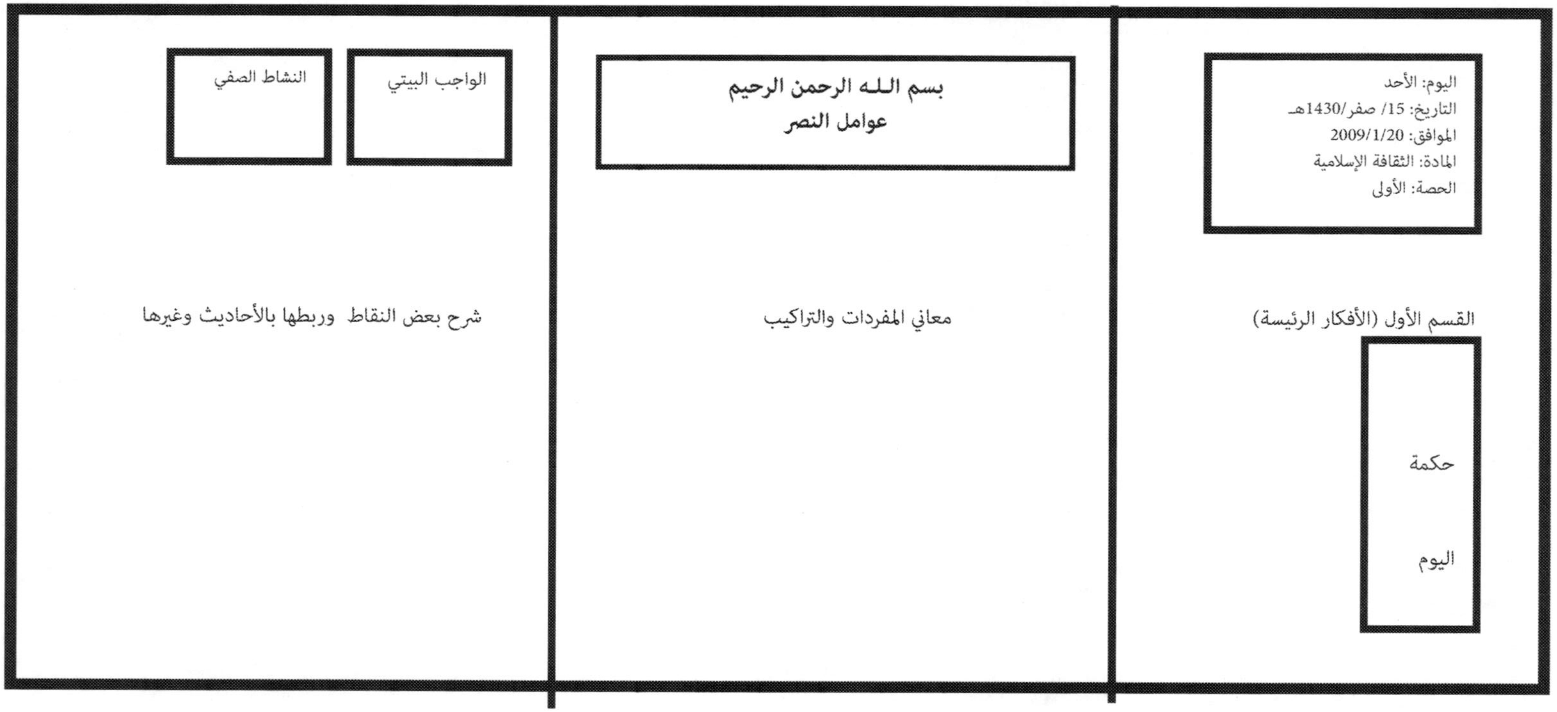

قائمة المصادر والمراجع

- القرآن الكريم
- الإمام النووي، 1987، أداب العالم والمتعلم والمفتي والمستفتي وفضل طلب العلم، طنطا: دار الصحابة للتراث، ، ص51.
- باحارث، عدنان حسن ، 1998، طرق تدريس مواد التربية الإسلامية، الطبعة الثانية، دار المجتمع للنشر والتوزيع، جدة.
- البخاري، صحيح البخاري.
- جروان، فتحي عبد الرحمن، 2002، تعليم التفكير مفاهيم وتطبيقات، عمان: دار الفكر للنشر والتوزيع.
- حسين، محمد عبد الهادي، 2005، مدرسة الذكاءات المتعددة، (ط1)، فلسطين: دار الكتاب الجامعي.
- حواس، عبد الفتاح، 2008، لباب التصانيف في ترتيل المصحف الشريف، الطبعة الأولى، دار عمان للنشر والتوزيع، عمان، الأردن، ص: 43.
- الخليلي، أمل عبد السلام، 2005، الطفل ومهارات التفكير، (ط1)، عمان: دار صفاء للنشر والتوزيع.
- الخوالد، ناصر أحمد ه وعيد، يحيى اسماعيل، 2006، تحليل المحتوى في مناهج التربية الإسلامية وكتبها، الطبعة الأولى، دار وائل للنشر والتوزيع، عمان الأردن، ص159).
- سعادة، جودت أحمد، 2003، تدريس مهارات التفكير مع مئات الأمثلة التطبيقية، عمان: دار الشروق للنشر والتوزيع.
- سنن الترمذي.
- سويد، عبد المعطي، 2003، مهارات التفكير ومواجهة الحياة، (ط1)، العين، الإمارات العربية المتحدة: دار الكتاب الجامعي.

- الشمري، هدى علي جواد ، 2003، طرق تدريس التربية الإسلامية، الطبعة الأولى، دار الشروق للنشر والتوزيع، عمان، الأردن.
- صحيح مسلم.
- عبد العزيز، سعيد، 2007، تعليم التفكير ومهاراته تدريبات وتطبيقات عملية، (ط1)، عمان: دار الثقافة.
- عدوي، عزمي عمران يوسف، 2008، أثر تطبيق حقيبة تعليمية قائمة على أساس الذكاءات المتعددة في تحصيل طلبة الصف الخامس الأساسي في مادة اللغة العربية في مدارس الرواد بعمان، رسالة ماجستير غير منشورة، الجامعة الأردنية، عمان الأردن، ص8.
- فارس، عبادة عصام، 2009، مهارات التدريس من الكتاب والسنة، الطبعة الأولى، دار عمار للنشر والتوزيع، عمان، الأردن، ص45
- المالكي، عبد الرحمن بن عبد الله ، **مهارات التربية الإسلامية**، كتاب الأمة، وزارة الأوقاف والشؤون الإسلامية، قطر، العدد (106)، 2005م ص162-163
- المصري، قاسم محمد، 2003، تعليم التفكير في الدراسات الاجتماعية، (ط1)، عمان: مطبعة الروزانا.

- Armstrong, T. (2000),**Multiple Intelligence in the Classroom** , 2 nd ed. Alexandria, VA:ASCD.
- Gardner, H. (1983), Frames of Mind: the Theory of Multiple Intelligence
- Ennis, Robret, H. (1985), **A Logical Basis For Measuring Critical Thinking**, Educational Leadership, 43, (2), p.45-48

Printed in the United States
By Bookmasters